父母学堂

# 从小培养好习惯

## 宝宝入园前的良好养成

章 程 编著

中国少年儿童新闻出版总社
中国少年兒童出版社
北 京

图书在版编目（CIP）数据

从小培养好习惯 / 章程编著 . -- 北京 : 中国少年儿童出版社 , 2019.3
（父母学堂）
ISBN 978-7-5148-5234-9

Ⅰ . ①从… Ⅱ . ①章… Ⅲ . ①习惯性 - 能力培养 - 儿童教育 - 家庭教育 Ⅳ . ① G781

中国版本图书馆 CIP 数据核字（2019）第 008943 号

**CONG XIAO PEI YANG HAO XI GUAN**
（父母学堂）

出版发行：中国少年儿童新闻出版总社
中国少年儿童出版社

出 版 人：孙 柱
执行出版人：赵恒峰

策划编辑：白雪静
编 著：章 程
绘 画：戴梦怡
装帧设计：蔡 璐
责任编辑：李 华
责任印务：厉 静
责任校对：陈毕欣

社 址：北京市朝阳区建国门外大街丙 12 号
邮政编码：100022
总 编 室：010-57526070
传真：010-57526075
编 辑 部：010-57526332
发 行 部：010-57526568
网 址：www. ccppg. cn
电子邮箱：zbs@ccppg. com. cn

印刷：中青印刷厂

开本：720mm × 1000mm 1/16
印张：15.75
2019 年 3 月第 1 版
2019 年 3 月北京第 1 次印刷
字数：203 千字
印数：1-8000 册

ISBN 978-7-5148-5234-9
定价：40.00 元

# 前言

把《从小培养好习惯》这本书创作完毕，作为此书的编写者，我们心中所涌动的激情还在荡漾。对于每位父母来讲，培养孩子在生活、学习、行为等多方面的好习惯是多么重要的一件事情。在家庭教育中成功地养成这些好习惯，对孩子的一生都会有很重要的影响。作为人之父母，如果能够在众多图书中选择并关注此书，我想，你一定是位“爱”孩子且“会爱”孩子的父母。

身为父母，爱孩子并不难，这是一种人人都具备的本能。而会爱就不同了，只有将爱孩子当作一门科学来学习、来思考、来实践，并不断提高教子能力的父母，才是会爱的父母。我们希望本书能成为爱与会爱之间的那扇门，当你翻开这一纸书香，也就敲开了通向会爱的那扇金门。

### 这本书里写了什么？

本书精选了宝宝上幼儿园之前要养成的 52 个好习惯，从饮食习惯、卫生习惯、行为习惯、社交习惯、道德习惯、自我保护习惯六大方面进行了全面、生动的阐述。在每一个习惯中，结合生活案例来“寻根究底”，针对不同的问题“给您支招”。

### 这本书与同类书有什么不同？

第一，结合生活案例。教育孩子是不能机械模仿别人做法的，我们在书中没有运用名人家庭教育的故事，因为名人永远是少数，我们希望透过那些与你一样平凡的父母们真真切切的家庭故事，来展示给你一条条教子之道。

第二，处处寻根究底。在书中，每一个小节里，每一个习惯中，我们都探索了孩子为什么这样的原因，帮助你思考孩子种种行为背后所隐藏的秘密。你可以结合家中及孩子的情况，在“给您支招”板块选择切实可行、行之有效的教子方法。

好的书是一堂课，是一本教材，是一所学校。在这本书中，我们希望你会有终生都体会不完的收获。

# 目录


1 培养宝宝良好的饮食习惯

1 我不吃青菜，只吃肉

——让宝宝不挑食、不偏食

5 肯德基就是比家里的饭好吃

——让宝宝少吃洋快餐

10 给我吃一块巧克力吧

——让宝宝健康地吃零食

15 妈妈，我要吃羊肉串儿

——不让宝宝吃不洁的食物

20 我要用勺子吃饭

——让宝宝学会用筷子

25 吃饭时为什么要安安静静的

——让宝宝安静、愉快地用餐

30 妈妈，你喂我

——让宝宝独立用餐

35 阿姨，给我一个棒棒糖吃吧

——不要让宝宝贪吃别人的食物

40 今天我要吃三碗米饭

——不让宝宝暴饮暴食

45 我想边吃边看电视

——不要让宝宝边吃边玩

50 妈妈，我的嘴巴臭吗

——让宝宝饭后会漱口，会擦嘴

55 水不甜，我要喝饮料

——让宝宝爱喝白开水

60 培养宝宝良好的卫生习惯

60 我刷得比你快

——让宝宝学会自己刷牙

66 怎么天天都要洗脸啊

——让宝宝每天早晚洗脸洗脚

72 谁说我不会洗手

——让宝宝勤洗手

77 冷，我不喜欢洗澡

——让宝宝乐于洗澡

82 不要，我就是不要剪头发
——让宝宝主动配合剪头发
87 小姨怎么留那么长的指甲
——让宝宝勤剪指甲
92 穿衣服睡觉不舒服
——让宝宝习惯穿睡衣睡觉
96 我就喜欢这件，不换
——让宝宝懂得勤换衣物
100 对不起，我又尿裤子了
——让宝宝有良好的排泄习惯
105 鼻子里面痒痒怎么办
——让宝宝不抠鼻子
110 **培养宝宝良好的行为习惯**
110 妈妈，我的衣服呢
——让宝宝学会自己的事自己做
115 今天我来择豆角
——让宝宝勤劳不懒惰
120 我不想睡午觉
——让宝宝规律地作息
124 在家里玩不是一样吗
——让宝宝喜爱户外活动
129 呀，我拿错小明的水壶了
——让宝宝做事认真不马虎
134 妈妈，我出去玩一会儿再回来接着画画
——让宝宝做事专心
139 蜡笔哪儿去了？我昨天还用了呢
——让宝宝不再丢三落四
144 玩水有什么不可以
——让宝宝懂得节约水电
149 我不是故意撕坏的
——让宝宝学会爱护书籍
154 妈妈，我……我……我
——让宝宝说话不结巴

160 **培养宝宝良好的社交习惯**

160 这是我的玩具，你不许玩
——让宝宝学会分享

164 我就是欺负你
——让宝宝不欺负弱小的伙伴

169 我叫茜茜……
——让宝宝学会积极主动地交往

175 我不喜欢和女孩子一起玩
——让宝宝适当地参与异性间的游戏

180 听我说
——让宝宝学会倾听

185 你不许赢我
——让宝宝正确对待输赢

190 这样分蛋糕不公平
——让宝宝公平处事，摒弃私心

195 我跳得不如她好
——让宝宝自信不自卑

200 别难过，已经没事了
——让宝宝学会宽容

205 我就要坐这个位置
——让宝宝学会礼貌待客

210 嘘，爷爷在睡觉
——让宝宝学会为他人着想

214 **培养宝宝良好的道德习惯**

214 你给我吐出来
——让宝宝学会尊敬长辈

218 这是我从妞妞家拿的橡皮泥
——让宝宝分清“拿”和“偷”

221 瞧我画得多漂亮
——让宝宝爱护公物

225 苹果核儿扔哪儿啊
——让宝宝保护环境

229 好慢啊，为什么要排队
——让宝宝遵守社会秩序

232 **培养宝宝自我保护的习惯**

232 “嘀嘀嗒嗒”要让开

——让宝宝注意玩耍安全

237 妈妈，为什么黄灯不能过马路

——让宝宝遵守交通规则

240 我找不到你了

——让宝宝知道家在哪里

243 我是你妈妈的朋友，给你吃糖

——让宝宝不要轻信他人

# 培养宝宝良好的饮食习惯

## 我不吃青菜，只吃肉
## ——让宝宝不挑食、不偏食

军军一直是个很乖的孩子，有什么好东西都会拿出来跟别人一起分享，大人们都夸他懂事。妈妈也很高兴军军有这样的表现，所以经常给军军买他爱吃的东西，做他最爱吃的菜。一个偶然的机会，妈妈读了一本《家庭营养学堂》，恍然意识到，小孩子正在长身体，应该多吃各种蔬菜，不能只给他做爱吃的肉类和油炸类食品。于是，妈妈专门弄了一个菜谱，希望军军在饮食上能够更均衡。

一天晚上，军军在外面玩了一天，回到家就嚷嚷："我好饿好饿，怎么还不开饭？"妈妈很心疼地对军军说："再等一会儿，妈妈很快就烧好饭了。"军军听后马上去洗手，然后乖乖地坐在餐桌前等着妈妈烧菜。闻着厨房里的香味，军军开始流着口水幻想着自己最爱吃的糖醋鸡腿……不一会儿，妈妈把做好的菜端上来。军军一看是青青的叶子，上面点缀着碎碎的白蒜末，失望极了，顿时带着哭腔大声地嚷："我要吃糖醋鸡腿，不要吃青菜……"妈妈非常无奈地劝军军："今天我们吃青菜和辣椒火腿，明天妈妈一定给你做糖醋鸡腿好不好？"军军嘟起小嘴，一声不吭，随便吃了几口青菜就说吃饱了。

看着军军快快地离开餐桌，妈妈心里又心疼又矛盾。

### 寻根究底 ?

挑食、偏食习惯的形成原因比我们想象的要复杂得多。一项心理学的研究表明，在婴儿 3 ～ 6 个月添加辅食时，由于父母不正确的喂养习惯，就会造成宝宝今后的挑食、偏食。一般父母会选择米粉、蔬菜泥、水果泥、肉泥、鱼泥、水果汁相互交叉着作为宝宝的辅食，而有些父母由于个人的偏好或者其他的原因，特别偏重于某种食物，有的偏重于蔬菜类，有的偏重于肉类，他们的宝宝长大后就会比较容易发生挑食、偏食。这是什么原因呢？心理学家认为，这是由于婴儿早期的口味会在婴儿的头脑中产生固定的格式，当长大后，宝宝会按图索骥地选择他们记忆中与格式口味相似的食物，这就造成了挑食、偏食。有这样一个现象可以进一步说明，现在很少有不爱吃水果的宝宝（有的宝宝只排斥某些水果，对其他水果还是可以接受的），而我们的父辈中不喜欢吃水果的却比较多，子女送去的水果常会烂掉，而不是吃掉，这可能就是因为现在水果比父辈小时候普及得多，现在的家长已经把水果作为宝宝主要辅食的原因。

上面介绍的只是宝宝形成挑食、偏食的原因之一，其他造成宝宝偏食的原因还有可能是父母平时对某种食物有偏好、不良的广告诱导、食物烹饪的口味、怕塞牙、怕鱼刺等。所以要矫正宝宝挑食、偏食，父母们一定要找清原因，对症下药。

## 给您支招

矫正宝宝挑食、偏食的坏习惯一定要趁早入手，一旦发现苗头，家长就要采取措施。

### 1、允许宝宝在开饭前吃菜

妈妈刚炒好一盘菜，有些孩子总喜欢尝尝鲜，觉得那样吃的菜是最好吃的。而把菜全部做好正式吃饭时，孩子已没有了特别想吃的兴致。所以家长不妨利用儿童这种心理，在未开饭前让宝宝空口吃些菜，可以是宝宝不讨厌又不特别喜欢的健康食品，如青菜、刺不太多的鱼等。这时的宝宝肚子较饿，东西比较容易入口，最后再端上他最喜欢吃的菜。如果宝宝已经吃菜吃饱了，少吃些饭也没关系。

### 2、告诉宝宝他什么都爱吃

小的时候，宝宝对一些没有见过的菜会问："妈妈，这个好不好吃？""好吃，宝宝一定爱吃！"妈妈应该这样回答他。这样的回答能令宝宝对尝试新菜有兴趣，进而接受新的蔬菜。但有些味道较重的菜很多宝宝不喜欢吃，比如茄子、苦瓜、芹菜等，家长则不必难为宝宝，因为随着宝宝的味蕾发育完善与对营养的有所认识，会慢慢吃起小时候不爱吃的菜。

### 3、当宝宝两次拒绝吃某种食物时，就换其他类似的食物

比如宝宝暂时什么蔬菜也不愿意吃，却很乐意吃水果，这时便可以让他多吃水果、麦片等一些蔬菜代用品，甚至维生素片也可以，这样宝宝就不会缺蔬菜中含的营养素；比如他们表示对牛奶不感兴趣时，家长不要没完没了地强迫宝宝多喝，这样会让宝宝更讨厌牛奶。不少宝宝更喜欢喝甜牛奶、果奶和酸奶，家长不妨换这些品种试一试。然后，在宝宝比较高兴或情绪比较好的时候，家长再对宝宝进行适当引导，让宝宝逐渐接受某种食物。

### 4、不要因为这个问题在饭桌上训斥宝宝

一旦宝宝执拗起来，忙碌一天的父母就很有可能着急生气，这样的话事情就糟了，父母越是着急，宝宝吃得就越少；宝宝吃得越少，父母就越着急，如此一来，宝宝的吃饭成了折磨人的事，甚至会成为声讨会或教育会。面对训斥，宝宝常常会拒食或吃几口就放下碗筷，说"吃饱了"，以此表示自己的不满。这并不全是宝宝的感情用事，事实上，宝宝可能确实不想再吃了——发生不愉快的事情或生了气，大脑皮层别的部位产生强烈的兴奋，原先管理吃的部位会

发生抑制，人就会一下子失去食欲。另据实验表明，当一个人处在愤怒、悲伤、焦虑时，幽门括约肌会反射性收缩，使食物滞留在胃中，导致食欲下降，甚至会造成胃炎。所以进餐时情绪不好不仅会影响食欲，还会降低消化能力，影响宝宝的身体健康。所以，进餐时要保持愉快、安静、专心的气氛，父母千万不要因为挑食、偏食的问题在饭桌上训斥宝宝。

# 肯德基就是比家里的饭好吃
## ——让宝宝少吃洋快餐

明明非常喜欢去肯德基吃快餐。妈妈觉得只要明明高兴就行，于是有空就带着明明去。

随着明明逐渐长大，他开始不满足于妈妈有空才带自己去吃肯德基，而是开始主动要求去。有一次，明明和妈妈坐车去少年宫，路过一家肯德基，明明在车里兴奋地喊叫起来："妈妈，妈妈，肯德基爷爷！""现在我们没有时间吃，要赶着去上课！"妈妈耐心地对儿子说道。"不嘛不嘛，你就给我买个巧克力圣代，我拿着边走边吃，不耽误事儿！"明明边说边拉着妈妈的衣襟撒娇。妈妈摸摸儿子的小脑袋，看着他嘴馋的模样，同意了。

明明快三岁的时候，社区里也开了一家肯德基，明明去得更勤了。当明明发展到一星期要去三四次的时候，妈妈开始担心了。肯德基里的食物清洁、味美，但蔬菜太少，肉和鱼也是油炸过的；店里人总是很多，空气不太流通，长期吃肯德基一定对孩子的身体有不好的影响。

当妈妈开始强行阻止明明去吃肯德基时，明明又哭又闹，大嚷着"肯德基就是比家里的饭好

吃”，还赖在地上不起来。爷爷奶奶心疼孙子，便又带着明明去了。

当明明大一些的时候，一次常规的身体检查查出明明由于肥胖、超重，出现了脂肪肝！才是个几岁的孩子啊，怎么会得脂肪肝呢？全家人当时都懵了……

## 寻根究底 ?

为什么宝宝大都喜欢吃肯德基、麦当劳？这样的快餐食品对宝宝的身体究竟有何危害？明明的脂肪肝又是从何而来呢？

肯德基、麦当劳是洋快餐，对有些人特别是少年儿童有着自己独特的吸引力。一方面，它带着一些异国情调的色彩，与中国传统的饭店、餐馆有很大的不同，引起了宝宝的好奇心；另一方面，它干净、整洁的环境，迅速、贴心的服务，美味、可口的食物让宝宝觉得舒心自然；最重要的一点是麦当劳的气氛让宝宝感到亲切。由于儿童爱玩的天性，在麦当劳、肯德基那些被精心营造的一个个“儿童乐园”里，宝宝们玩得不亦乐乎。

但是，这类快餐食品对宝宝健康的不良影响也是不容小觑的。

美国公映了纪录片《大号的我》，并被冠以“拯救你生命的电影”这样至高无上的荣誉。在这部纪录片中，美国人摩根·斯普尔洛克以自己的身体做了一个实验：连续 30 天，他三餐只吃麦当劳的食物，只喝麦当劳的饮料。在这场疯狂的实验展开之前，斯普尔洛克身高 1.8 米，体重 140 斤。开始实验 5 天后，他的体重就剧增 8 斤。半个月后，他的医生发现他的肝脏有了问题，母亲和女友都请求他停止实验。但他并没有停止。三周左右，他的心脏开始异常，医生命令他每天吃两片阿司匹林。他拒绝了，因为麦当劳不提供阿司匹林。而等到实验终于结束时，他的体重增加了差不多 20 斤。

摩根·斯普尔洛克用事实告诉我们，肯德基、麦当劳的东西虽然美味，但美味的背后也有潜藏的危险。宝宝正处于生长发育的关键时期，身体对饮食的品质要求很高，健康的饮食直接影响到宝宝的未来。

首先，快餐食品所含的盐量较高，食品中所含的钠对宝宝的心、肾器官有可能构成威胁。因为宝宝的肾脏发育远未成熟，没有能力排出血液中过多的钠，因而会受到过量食盐的伤害，而且年龄越小，受到的伤害越大。

其次，快餐食品所含的热量、蛋白质较高。薯条、汉堡、冰激凌等都是高热量、高蛋白的食品，它们会导致机体脂肪物质的代谢异常，如果这些高脂肪、高蛋白的东西被全盘吸收的话，儿童就容易患脂肪肝等成人病。

## 给您支招

如果你不想自己的宝宝因为薯条、汉堡变成一只不健康的小肥猪，那么可以参考以下几条建议：

### 1、不要强硬地阻止宝宝

曾听到一个三岁的小女孩说："等我妈死了，我顿顿都吃麦当劳！"相信所有的妈妈都不大希望自己的宝宝盼着自己死，所以千万不可强硬地规定宝宝不许去麦当劳。现在的小孩子有自己一定的思维定式和行为模式，宝宝非常容易对被禁止的事情产生强烈的好奇心，这样做的结果反而会使宝宝想去的愿望更加强烈。

### 2、采用引导的方法

当宝宝执拗地非要去快餐店时，家长可以将宝宝带到麦当劳或肯德基这些场所，让宝宝们自由选择自己喜欢吃的东西。不过，在宝宝吃东西的时候，父母可以告诉他这些食物是由什么东西做成的，可能会造成高血脂、高血压等情况，对自己身体的成长有一定的障碍（但是要用宝宝听得懂的语言，也不要危言耸听），比如跑不动、很多游戏不能玩等。回家后，在比较轻松的环境下，家长可以再次教育和引导宝宝，因为这会儿宝宝的愿望得到满足了，大人的话可能更容易听进去。

### 3、重新定位快餐时间

很多宝宝下意识地认为肯德基、麦当劳的东西可以当饭吃，家长可以悄悄地给这些快餐食品重新定位。比如你可以这样做：吃过晚餐后，带宝宝去散步，路过肯德基、麦当劳，就主动问孩子："要不要去呀？"进了店以后，由于已经吃过了晚饭，宝宝吃不下太多的东西，所以一杯橙汁，一杯新地或一小包薯条就能令宝宝满足。慢慢地，就能让宝宝形成这样的观念——肯德基、麦当劳不是正餐，只是饭后茶点。

### 4、固定吃快餐的次数

答应宝宝每月一次或两次去吃快餐，一次到位地满足宝宝的愿望，省得他们老是惦记着香喷喷的薯条、汉堡。这样既可以满足宝宝的口腹之欲，也可以省去很多纠缠的麻烦。但家长一定要记得坚持自己的立场和观点，不能宝宝一哭就投降。

### 5、巧妙地为宝宝点餐

如果已经来到了肯德基、麦当劳这些快餐店，家长也可以巧妙地点餐，来降低快餐对宝宝身体的伤害。可以选择一些非油炸食品和维生素丰富的食品，比如土豆泥、蔬菜汤等来搭配炸鸡与汉堡。或者可以在去肯德基、麦当劳之前给宝宝带上一小盒在家切好的碎果块和可生吃的蔬菜，弥补宝宝大吃一顿后维生素的不足。

### 6、让宝宝“开开眼界”

还有一个可以让宝宝少吃肯德基、麦当劳这些快餐食品的有效办法，那就是让宝宝“开开眼界”。家长可以带宝宝去一些其他的餐厅，让宝宝领略到另一种类型的美味，不要让宝宝在内心把肯德基、麦当劳与美味画上等号，要让宝宝知道，除了汉堡包、薯条和可乐，世界上的美味还多着呢。

另外，家长还可以在家里制作一些美味的食物给宝宝吃。富有想象力的妈妈还以将食物摆出米老鼠、机器猫等可爱的形状，或是把食物盛在粉红色小猫头的碗里，让宝宝一见倾心，就会把麦当劳抛到脑后去了。

# 给我吃一块巧克力吧
## ——让宝宝健康地吃零食

壮壮特别爱吃零食，脆脆的薯片或虾条之类的膨化食品和包装漂亮的糖果都是他的最爱。他常常趁着爷爷或奶奶带他出去遛弯儿的机会，磨着爷爷奶奶买。爷爷奶奶最疼这个孙子了，当然是有求必应，甚至有时候还主动买零食给壮壮。

在壮壮的小抽屉里塞满了各种各样的零食，像薯片、牛肉干、糖果、饼干……应有尽有。10分钟一包干脆面，5分钟一包巧克力，15分钟一盒冰激凌是常有的事儿，零食成了壮壮的影子，总是不离左右。

零食吃饱了，家里开饭的时候，壮壮便经常缺席，总是有一顿没一顿的。看着儿子津津有味地吃着这些零食，妈妈的脑袋直发胀，她担心再这样吃下去，壮壮的身体会出问题。于是，妈妈开始禁止壮壮吃零食。

一天，妈妈下班回家，看见奶奶正准备给壮壮吃巧克力，就一脸不高兴地说：“您总是给他吃零食！到吃晚饭时，他又不好好吃饭了。”边说边把巧克力没收了。

“现在离吃晚饭还有两个小时，只是吃几块巧克力，他一会儿就消化了！再说，现在有哪个孩子不吃零食啊？男孩子喜欢吃巧克力、薯片、可乐，女孩子爱吃冰激凌、果冻、棉花糖，没见过你这样亏待孩子的妈！”奶奶不服气地说。

“不管怎么说，您给他吃零食就不对！”妈妈一点儿不让步。

看见奶奶和妈妈吵架，壮壮哭着说：“妈妈，我想吃巧克力，你就给我吃一块吧……”

## 寻根究底 ?

对于多数宝宝来说，零食的诱惑是难以抵抗的。除了零食的颜色、形状比较受宝宝欢迎以外，还有什么深层次的原因吗？

一方面，吃零食是宝宝的生理需求。宝宝的好奇心比较强烈，喜欢稀奇古怪的东西，口味也偏甜。酸酸甜甜的零食的外形好、花样多，与一日三餐的主食不一样，带给宝宝新鲜的感觉。再说，家里吃的正餐一般是混合膳食，食谱一般是按着大人的口味来做，宝宝未必喜欢。

另一方面，宝宝爱吃零食与周围的环境有关系，与心理也有关系。在零食的选择上，宝宝吃零食有一定的从众心理，周围的小朋友都吃零食，自己当然也要吃了。甚至别的小朋友吃什么，自己也会要求家长给买什么。而且电视中有关零食的广告做得都很“美味”，在宝宝的心中，零食代表着快乐，所以想去尝试。

很多幼儿贪恋形形色色的零食，不好好儿吃正餐，对他们的身体发育是极为不利的。

第一，小儿不加控制地进食零食，会使肠胃一直处于工作状态，而肠胃的蠕动是有节律的，大量进食零食会加重宝宝的肠胃负担，使正常的消化吸收过程受到影响。

第二，零食口感一般都比较浓厚，对人体味觉是一种较强烈的刺激，会使宝宝的味觉敏感度下降，造成味觉迟钝，这些都会影响食欲。

第三，宝宝在零食中不能获得足够合理的营养。零食的营养素一般比较单一，经常吃会妨碍多种营养素的摄入，久而久之，会导致宝宝营养不良。

第四，宝宝爱吃的干脆面、薯片、罐装饮料、虾条等，都会添加一些人工色素等添加剂，不利于宝宝健康。

总之，宝宝不宜多吃零食。但是，像壮壮妈妈一样全盘否定零食的做法同样是不可取的，因为这样做可能会引起宝宝产生逆反心理，会偷偷摸摸吃，没准儿会吃得更多，还会像壮壮家一样引起家庭矛盾。其实，如果父母会合理选择零食的种类，并在两餐中间添加，就能既满足孩子吃零食的愿望，又能补充营养，不影响正餐，还能调剂口味，对宝宝是有好处的。

## 给您支招

据调查，约有 50%的宝宝常吃零食而耽误正餐，其责任主要还在成人。因为有些家长常把零食作为体现父母之爱的主要方法、哄宝宝的诱饵、正餐吃得少的补充，于是造成了宝宝爱吃零食的不良习惯。对于零食，应该是谨慎选择，科学摄入。

### 1、选择对宝宝身体有益的零食

家长给宝宝选择零食时，可以选择含有优质蛋白、脂肪、糖、钙等营养素的各种奶制品，如酸奶、奶酪和纯鲜奶等就非常适合宝宝，可用来作宝宝每天进食的零食。纯鲜奶可在早上和晚上临睡前喝，果味酸奶和奶酪则适合用作两餐之间的加餐；水果也是对宝宝身体非常好的零食之一，因为水果中含有丰富的糖、维生素和矿物质，宝宝吃了不仅可以促进食欲，而且有助于消化。水果可在每天的午餐和晚餐之间给宝宝吃，但一定要选择新鲜成熟的水果，因为不成熟的水果会刺激宝宝的胃肠道，引起腹泻、腹胀；用谷类制成的各种小点心也是比较好的选择，这类零食可以补充宝宝的热能，应在每天上午的加餐中给宝宝吃，但不能给得太多，也不要在快要就餐前给宝宝吃，以免影响宝宝午餐时的好胃口；在饭后给宝宝吃些开胃小点心，如山楂糕、果丹皮、杏肉等，这些小食品可以促进宝宝消化，让他保持好胃口。

### 2、做可口的饭菜吸引宝宝

零食通常在色、香、味、形上迎合了宝宝的好奇心，因此非常吸引宝宝。如果家长做的饭菜外观不漂亮，口感不舒服，宝宝就很容易依赖零食。所以，家长在为宝宝做正餐时，要在色、香、味、形上多下些功夫，应尽可能根据宝宝的口味喜好，转移宝宝对零食的注意力，吃饱饭后的宝宝往往很少惦记零食。当然，有条件的话，还可以让宝宝亲自参与做饭的一些环节，比如让宝宝和妈妈一起择菜、做面饼等。当饭菜里加入了宝宝自己的劳动，宝宝吃起来会格外地香！

### 3、控制宝宝零食的储存量

对于好吃零食的宝宝，家长应注意少给宝宝买零食，适当控制家里零食的储存量。在宝宝要买零食时，家长可通过买书或其他健康玩具，如足球、溜冰鞋等吸引宝宝的注意力，这样不仅可以少买些零食，还可以帮助宝宝锻炼身体，促进食欲。

### 4、不要让宝宝看见零食的数量

在给宝宝拿零食时，最好不要让宝宝看见装满零食的盒子。因为，宝宝一旦看见盒子里还有，吃完马上还会再要，因为年龄小的宝宝是根本不可能克制自己的愿望的。家长可事先把要给宝宝吃的零食拿出一点儿，放在一个器皿里，宝宝以为就这么多，吃完了自然也就罢休了。

### 5、别将零食作为奖励品

父母或长辈不要将零食作为奖励、惩罚、安慰或讨好宝宝的手段，更不能让宝宝养成以吃零食作为交换条件的坏习惯。因为长此以往，宝宝会形成一种错觉，以为奖励的东西都是好东西，无形之中在心理上产生一种认知感，认为这些食物是应该吃的，而且很好吃。

# 妈妈，我要吃羊肉串儿
## ——不让宝宝吃不洁的食物

在冬冬家门口的小胡同里，很多各具特色的小吃：糖葫芦、羊肉串儿、炒瓜子、烤白薯、爆米花……看着晶莹透亮的大糖葫芦、冒着热气的烤白薯、香喷喷的羊肉串儿，恐怕谁都会忍不住馋瘾，路过的人们很多都会随意购买一些来解解馋。

这一天，冬冬和小朋友们在外面玩了一天，回家的时候经过胡同，闻见飘来的阵阵烤羊肉串儿的香味儿，馋虫一下子就被勾出来了。他扯扯妈妈的衣襟，说："妈妈，我要吃羊肉串儿！"

其他三个小朋友听见了，也一起说道："阿姨，阿姨，我们也想吃！"

妈妈看看表，已经五点了，难怪冬冬会饿，于是掏钱买了 20 串儿——每个小朋友几串儿。

可是接下来发生的事儿却让妈妈后悔不迭！

晚上七点左右，当妈妈做好晚饭叫冬冬吃饭的时候，却发现冬冬趴在厕所门口，上完厕所的裤子还没有系上，而且还口吐白沫。妈妈急忙将冬冬送到医院。在抢救的过程中，妈妈坐立不安，急得满头大汗。两个小时后，医生出来了，对妈妈说：“幸亏你送得及时，否则真是太危险了。孩子是食物中毒，已经洗过胃了，以后要格外小心，千万不要吃那些不干净的东西。”这番话让妈妈的心落回了原处，随后，开始仔细回忆孩子今天吃了什么“不洁食物”。想来想去，这一整天冬冬只吃过外边的羊肉串儿，其他几顿饭都是在家里吃的。糟了，会不会就是那几串羊肉串儿惹的祸？妈妈意识到事态的严重，赶忙打电话给其他几个也吃了羊肉串儿的孩子的家长，询问后才知道，那三个孩子也出现了肚子痛、呕吐、呼吸困难等症状，已经送到医院治疗了。

这下水落石出了，妈妈和其他几个孩子的家长在孩子病好后一起来到卫生监督所，要求卫生监督所的人员进行调查。可卖羊肉串儿的小贩早已经没了踪影！虽然卖羊肉串儿的小贩没有被绳之以法，但是那些卖烤红薯、爆米花儿、糖葫芦的无照经营的小贩被全部清理出了胡同。

虽然胡同里少了些诱人的香味儿，可周围生活的人们却觉得自己的健康多了些保障。

## 寻根究底 ?

糖葫芦、爆米花儿这些不洁食物到底不洁在哪儿呢?

### 1、糖葫芦

街头出售糖葫芦的流动商贩收购到山楂后，一般会在家里进行粗加工，去核、加馅，再用收集到的竹签子串起来（竹签子从何处得来无法得知），蘸好糖稀后利用寒冷的空气使其冷凝。这种家里的小作坊的卫生情况很差，使用的器具也十分简陋，而且像豆沙等填充的馅儿容易滋生细菌，仅仅在煮熬的糖稀里蘸一蘸不可能完全消毒。

## 2、烤羊肉串儿

要烧烤食物，首先要把肉放于高温火炭上直接烤。由于肉直接在高温下进行烧烤，被分解的脂肪滴在炭火上，再与肉里蛋白质结合，就会产生一种叫苯并芘的致癌物质。宝宝如果经常食用被苯并芘污染的烧烤食品，致癌物质会在体内蓄积，有诱发胃癌、肠癌的危险。 同时，烧烤食物中还存在另一种致癌物质——亚硝胺。亚硝胺的产生源于肉串烤制前的腌制环节，如果腌制时间过长，就容易产生亚硝胺。此外，据近年美国一项权威研究结果显示，食用过多的烧煮、熏烤太过的肉食将受到寄生虫等疾病的威胁，甚至严重影响视力，造成眼睛近视。

## 3、炒瓜子

炒瓜子时使用的烤炉温度极高，生瓜子在炒制的过程中外壳表面的细菌基本上都会被杀死。但是炒熟后的瓜子在出售的时候由于是开放式摆放，长时间暴露在空气和阳光下，同时购买者都有随手抓两把尝尝的习惯，致使瓜子有反复受到污染的可能。而且由于购买者的健康状况不同，一笸箩瓜子在销售过程中受到污染的情况也会比较复杂。

另外，我们吃瓜子的时候，都是将瓜子放在嘴里嗑开再把皮吐出，这时唾液与瓜子皮已经接触，细菌也就进入人体了。

## 4、爆米花

现在有各种口味的爆米花，如：奶油味、蜜糖味、巧克力味等，这些美味爆米花的表面蘸有奶油等物，细菌很容易繁殖，而且如果爆米花的颜色特别鲜艳，则有可能色素含量较高，过多食用，对宝宝的身体健康很不利。

### 5、臭豆腐

臭豆腐属发酵豆制品，含有丰富的B族维生素，且容易被人体吸收并消化，是一种不错的小吃。但经过油炸后，营养价值就会下降。而且，无照商贩在制作呈墨黑色的臭豆腐的过程中，可能会用到一种化工原料——硫酸亚铁。食用这样的臭豆腐后会出现全身无力、头痛、食欲不振、视力模糊等症状。

## 给您支招

面对香喷喷的羊肉串儿，五彩斑斓的三无饮料、糖果等，很多宝宝都驻足不前，缠着非要买，让家长们伤透了脑筋。如何才能让孩子对不洁食品说“不”呢?

### 1、正确选择食品经营场所

美味的小吃不是不可以吃，而是应该到正确的地方吃。家长不要带着宝宝光顾地摊或流动商贩的小摊，应该到有经营许可证、卫生许可证的场所购买，让宝宝养成不吃路边摊食品的习惯。家长千万不要抱着吃一次没事儿的侥幸心理去尝试，这是对宝宝健康的不负责任。

### 2、使宝宝了解不洁食物对人体的危害

这是宝宝能否注重饮食卫生的重要前提，只有当他们知道“吃了不洁食物，容易得病，影响身体健康”以后，才会对不洁食物产生否定的态度，并且愿意接受成人的劝导或自觉地予以拒绝。

### 3、教宝宝识别不洁食物

宝宝能否做到不吃不洁食物的关键是知道如何识别不洁食物。由于宝宝生活经验有限，他们不可能在短时间内学会识别、判定采用不同原料、在不同环境中所制作食物的卫生质量，这就需要有较长时间的学习、积累的过程。家长可以找机会在生活细节中进行点滴教育，逐步使他们获得这方面的经验，当宝宝一旦离开成人的庇护，独立选用食物时可以进行正确的辨别。

### 4、以身作则，给宝宝树立好榜样

讲究饮食卫生，是现代文明的重要方面，也是现代人应有的素养。很多家长不让宝宝吃路边摊的食品，自己却抱着“我是成人，抵抗力强”的观念继续食用路边摊的食品，殊不知，这种不良的饮食态度会直接给宝宝提供反面的示范，让宝宝对饮食卫生很不讲究。

# 我要用勺子吃饭
## ——让宝宝学会用筷子

琳琳是个活泼可爱的小姑娘，今年快三岁了。妈妈觉得琳琳应该用筷子吃饭了，便上超市给她买了两副儿童专用筷。买来的筷子可真漂亮啊，洁白光亮的筷身，上面还有琳琳最喜欢的多啦A梦的卡通图案！筷子一买回来琳琳就喜欢得不得了，迫不及待地催促妈妈赶紧开饭，好用一下漂亮的筷子。

看到琳琳这么容易就接受了筷子，妈妈很高兴。她原来还很担心琳琳会因为用筷子吃饭比较麻烦而拒绝用呢，这下可好了！

可是，妈妈高兴得太早了。

开饭时，琳琳早早地就把筷子握在手里，看到菜端上了桌，就拿起筷子插

到了菜里。爷爷看了忍不住笑着说："乖孙女儿，爷爷教你怎么拿筷子！"

"不，不要爷爷教，琳琳自己来！"倔强的琳琳自主性越来越强，什么都想自己尝试一下。

琳琳兴致勃勃地像爸爸妈妈一样用筷子夹菜，可是麻烦来了——菜总是夹不住，好几次把菜挑起来了，却在半路又掉了下来。本来肚子就饿得叽里咕噜了，看着菜在自己跟前儿却吃不到，琳琳一下子就来脾气了，小嘴也嘟了起来！

妈妈一看情况不对，就说："琳琳，你夹不住是因为妈妈没有教你怎么拿筷子，你看看妈妈怎么拿！"说着，便指手画脚地教琳琳拿筷子。可琳琳的手指头总是不听使唤，尝试了几次仍然夹不住菜。这下，琳琳失去了耐心，用力把筷子扔到了地上，伸出手抓起菜就往嘴里塞。

爸爸看见琳琳这样很生气，训斥琳琳道："你这孩子怎么这样？遇到一点点小困难就发脾气，用手抓菜卫生吗？你再抓一次试试！"看着爸爸严肃的表情，琳琳哇哇大哭起来。

最后还是奶奶当了和事佬，把琳琳抱到了一边。

可自从筷子风波之后，琳琳就开始拒绝用筷子进餐，每到吃饭的时候就大声嚷嚷："我要用勺子吃饭！"而且从此再也不学用筷子吃饭了。妈妈没想到事情会这样，烦恼极了。

## 寻根究底 ?

宝宝为什么要学着用筷子吃饭？

让宝宝学会用筷子吃饭，对宝宝的发育是有好处的。使用筷子不但能很好地锻炼宝宝的手指活动能力，而且能促进宝宝的神经发育。现代医学研究证明，用筷子夹取食物的动作，不仅是五个手指的活动，也是牵动着肩、肘、手腕、手指间各部位的三十多个大小关节和上臂、前臂、手掌、手指等处的五十多条肌肉的运动。管理和支配手的神经中枢，在大脑皮层所占的区域最为广泛，这些手部关节和肌肉只有在大脑中枢神经系统的指令下，才能完成用筷子夹取食物的动作。反过来，这些关节和肌肉夹取食物的动作，又刺激了脑细胞，有助于儿童大脑的发育。另外，宝宝在使用筷子的过程中，可以促进眼和手的协调运动，眼和手的配合又可发展其观察能力，对它们复杂的属性和关系进行思考和分析，这就发展了他们的知觉和思维能力，使他们有可能去深入学习各种更为复杂的动作。

既然使用筷子对宝宝有这么大的好处，那是不是越早使用对宝宝越好呢?

答案是否定的。用筷子夹菜这一动作，需要牵动多个关节，有多块肌肉参加。如果宝宝的年龄偏小，如两周岁左右，此时才刚刚开始学用勺子吃饭，未必能很好地完成用筷子吃饭的动作。另外，如果过早逼宝宝用筷子，由于宝宝的手的发育还未完好，不但学习起来困难，还可能会因为动作不协调把饭碗弄翻，饭菜弄洒。如果此时父母再不够耐心，难以控制自己的情绪，责骂宝宝，甚至大打出手，就会弄巧成拙，挫伤宝宝自己进餐的积极性和自信心。

宝宝使用筷子的最佳年龄应该是三岁左右，手的动作的训练虽然可以促进大脑发育，但反之也要以大脑发育至一定水平为前提。所以越早越好的“早”是有一定限度的，要遵循小儿大脑发育的客观规律。

## 给您支招

著名物理学家李政道博士，曾对我们日常进餐使用的筷子做过高度评价，他说：“如此简单的两根东西，却奇妙绝伦地应用了物理学的杠杆原理。它是人类手指的延长，手指能做的事，它都能做……”筷子是我国独特的一种餐具。它作为中华文明古国传统的饮食文化特征之一，源远流长。据记载，早在很多年前的春秋战国时期，我们的祖先就发明了筷子。用筷子需要手复杂而精细的动作，必须用力得当和动作协调才能夹起食物并送至口中。那么，如何教宝宝用筷子呢？

### 1、鼓励宝宝大胆试一试

宝宝的模仿能力都很强，看到大人吃饭用筷子，他们也总想尝试一下。家长应鼓励宝宝的这种想法，大胆地让他试。这样一方面可以让宝宝享受用筷子进餐的乐趣，另一方面对宝宝的智力发育也有好处。

### 2、为宝宝挑选合适的筷子

市场上出售的筷子的种类很多，如果选择不当，不但影响宝宝学习使用筷子，对宝宝的身体健康也有隐患。

不要选塑料筷，它们较脆，受热后易变形，而且太滑，不容易夹菜。

不要选金属筷，这种筷子的导热性强，容易烫嘴。

不要选油漆筷子，它们在使用过程中筷身上的油漆易脱落入口。宝宝对油漆里的氨基、硝基、苯、铅这些化学物质特别敏感，而且承受力很低，会对宝宝的身体造成一定的危害。

应选择四方形的本色木筷或竹筷，它们本色无毒，使用起来比较安全，但易被病原微生物和其他有毒物质污染，故在使用时应注意经常消毒。

另外，家长可以直接给宝宝购买特制的儿童筷，这些筷子会比市场上的普通筷子短些，而且材质也会特别讲究，比较适合宝宝使用。

### 3、耐心辅导宝宝循序渐进

刚开始宝宝肯定不会拿筷子，只能将饭扒到嘴里，筷子也可能分不开，根本谈不上夹。有的宝宝会吃到一半就换勺子，此时家长无须特意提醒宝宝，只要每顿饭开始时让宝宝使用筷子就可以了，千万不要逼迫宝宝，以免引起宝宝对筷子产生反感。另外，拿筷子的姿势有个逐渐改进的过程，家长不必强求宝宝第一次就一定要按照正确用筷子的姿势夹食物，可以让宝宝自己去尝试。通过练习，尤其是看到好吃的东西，手的技巧会长进得很快。慢慢地，宝宝就会把筷子分开了，还会连夹带拿地把好吃的食物送进嘴里。

### 4、让宝宝先从好夹的食物练起

让宝宝先从好夹的食物练起，可以选用爆米花，因为爆米花很轻，上面有沟槽和裂缝，容易夹起来，宝宝可以体验到成功的快乐。每当宝宝成功一次，家长便给予适当的鼓励。随着年龄的增长，宝宝拿筷子的姿势会越来越准确，自然能够夹起一些小的食物了。

# 吃饭时为什么要安安静静的
## ——让宝宝安静、愉快地用餐

“东方汉斯自助餐厅”的霓虹灯在夜幕下闪烁得格外抢眼，这家餐厅就开在陶陶家住的小区旁边，这可乐坏了陶陶。好几次陶陶都缠着妈妈带他去，妈妈总说没空。这回赶上爸爸的生日快到了，全家人决定在东方汉斯给爸爸庆祝生日。

下午五点左右，爸爸妈妈带着兴奋不已的陶陶来到了餐厅。餐厅装饰得十分温情，五颜六色的气球、打着大蝴蝶结的彩带、各种颜色的小花配着嫩绿的树叶围绕在每张餐桌旁。陶陶一看店里的装饰就开心得哇哇乱叫。妈妈忙捂住陶陶的嘴巴：“嘘——公共场合不能大喊大叫！”一家人选定了座位之后，就来到了食品区。

食品区里丰盛的菜肴让陶陶目不暇接，有各种各样的烤肉、蔬菜、水果和饮料。陶陶再也抑制不住自己的兴奋，早把公共场合不能大喊大叫的提醒抛到了脑后。他一会儿跑到东，一会儿跑到西；一会儿拉着爸爸妈妈去看他新发现的好东西；一会儿又会发出狼一样“嗷嗷”的叫声。爸爸妈妈怎么按也按不住他，当然，他的过度兴奋也影响到了其他用餐的客人。

这时，餐厅的经理来到了爸爸的跟前，礼貌地说："先生，请照看好您的孩子。"

爸爸的脸皮特薄，被经理这么婉转地一提意见，脸腾的一下就红了。他一把抓过陶陶把他按在了座位上，也许是力气使得大了些，陶陶一个踉跄撞到了椅子。这一撞让陶陶暂时安静下来，他委屈地看着爸爸："爸爸，疼……"

听见儿子说疼，妈妈立刻走到陶陶的身边，一看陶陶的胳膊，已经淤青了一块，便对丈夫说："你不能跟儿子好好说嘛！"

爸爸气呼呼地说："跟他说得还少吗！一到外面吃饭就兴奋得不行，不是跑来跑去，就是说个不停，没个安静的时候！以后再也不带他出来了！"

一旁的陶陶听后，不满地问："吃饭为什么非要安安静静？"

妈妈耐心地对陶陶解释道："这样一方面不会影响别人用餐，另一方面也是为你自己好啊！你想，你一边跑来跑去，一边吃饭，要是咬到舌头，或者被鱼刺卡到，该多难受啊！"

陶陶听完妈妈的话点点头，对爸爸说："爸爸，别生气了，陶陶乖，我这就安安静静吃饭，以后，您千万别不带我出来！"

看到儿子认了错，今天又是自己的生日，爸爸便原谅了陶陶。一家人在东方汉斯享用了一顿愉快的晚餐。

## 寻根究底 ?

为什么吃饭的时候家长要让宝宝安安静静的？陶陶妈妈说的有一定的道理。更全面地归纳一下，原因有三个：

第一，宝宝年龄较小，身体各器官和系统尚未发育完全，吃饭时讲话、跑跳，必然会引起呼吸系统的不适，如呛着、噎着、喷饭粒等。如果碰到吃鱼，就很容易被刺卡着，有时会对宝宝的身体造成伤害。

第二，宝宝的控制能力差，他们不可能像成人一样，边吃饭边做别的事情。宝宝一旦讲话了，自然就不吃饭了。等看到别的人吃完饭，他们又会急得直往嘴里划拉，这样，就不能细嚼慢咽，一是影响宝宝身体对营养的吸收，二是会引起宝宝胃部的不适。

第三，宝宝虽然小，但可塑性极强，所以有必要从小就让宝宝养成良好的进餐习惯。特别是对于准备进入幼儿园的宝宝，一定要有意识地培养他们独立安静地进餐，并且细嚼慢咽，这样入园后就比较容易适应幼儿园的用餐制度。

另外，用餐时不光要让宝宝安静，最好还能让宝宝怀有一份愉快的心情。心理学家研究发现：儿童的情感常常是行为的动力，年龄越小，情绪对行为的影响就越大。这就提醒我们在吃饭前要注意发挥孩子的情绪、情感作用，调动孩子的积极情绪，为孩子造就一种心情好、胃口就好，胃口好、吃饭就香的心境。

## 给您支招

宝宝只有在轻松、愉快、安静的环境中进餐，才会尝出味道，对宝宝的消化和吸收都有好处。

### 1、喂饭时就要保持安静

在宝宝尚不会自己拿勺吃饭由大人喂食时，就要在安静愉快的气氛中进行。大人喂宝宝时不要做别的事，也不和人说闲话，要专心地喂宝宝，这对宝宝形成安静吃饭的习惯很有促进作用。

### 2、宝宝的餐具、座位最好固定不变

从一岁半开始，宝宝练习用勺子吃饭的时候就可以坐在桌边和大人一起吃饭了。家长要把宝宝吃饭时的餐具都摆放整齐，每次都有固定的摆放位置，宝宝也要坐在固定的座位上。如果宝宝和大人同桌吃饭，大人同样也应有固定的位置。

### 3、做好宝宝用餐前的心理准备工作

每天就餐前，让宝宝听听轻音乐或故事，或者玩一些安静游戏，使宝宝的情绪趋于稳定。为了避免宝宝在进餐过程中讨论饭菜如何，家长可以事先向宝宝介绍今天吃什么菜，喝什么汤，这些饭菜对我们的身体有什么好处等。

### 4、大人在吃饭时也要少说话

吃饭要定时，吃的时候要安静，注意力要集中，这不光是对宝宝的要求，对家长也要严格要求。吃饭时大人不要说与吃饭无关的话，可以说少量刺激宝宝食欲的话。

### 5、吃饭的时候不要数落宝宝

宝宝吃饭慢一些，家长千万不要一个劲儿地催促：“快点儿！快点儿！”对于宝宝来说，吃饭是一件快乐的事，不要在吃饭时对宝宝进行数落和训斥，例如说“不要把衣服弄脏了”“拿好勺子”等，因为这些话会分散宝宝的注意力，还会影响宝宝吃饭的愉快情绪。另外，家长绝对不能用逗乐的办法来让宝宝吃饭，如“妈妈喂一匙，爸爸喂一匙”，宝宝跑一圈再吃一口，或者把各种玩具放在餐桌上作为吃饭的奖励，这些做法只能分散宝宝吃饭时的注意力，不能达到让宝宝安静、愉快用餐的效果。

## 6、每天饭前给孩子一句赞美的话

开饭前，父母亲不妨给宝宝一句赞美的话，像拉家常似的谈谈宝宝近段时间在某些方面的进步。喜欢得到别人的赞许是宝宝的天性，还有什么比无意中听到别人的赞扬让自己更激动人心呢？宝宝的食欲会因为这两句话令父母大吃一惊。

## 7、外出就餐让宝宝安静的小妙招

在培养宝宝养成良好的饮食习惯的过程中，外出就餐是必不可少的一门功课。但如果你的宝宝像故事里的陶陶一样，外出就餐的时候曾经给你带来过尴尬，那么，下面几个小妙招也许能解决你的难题。

第一，选对地方。很多时候，你所选择的餐厅以及你们到达的时间就决定了这次就餐是不是能够愉快地进行和结束。所以，避开就餐高峰，选择一个非高档餐厅是最明智的。这样，不但餐厅的服务快捷，而且服务员或者就餐的人也不会因为宝宝引起的些许混乱而心生不快。

第二，避免长时间等待。即使在刚进入餐厅时宝宝的心情很愉快而且非常合作，但相信这种情况维持不了多久。因为在餐厅的时间越长，就表示“灾难”发生的几率越高。所以，每次外出就餐时最好遵循一条规则：事先打电话预订，让餐厅先备好桌椅并点好饭菜，当你们到达那里时一切都准备好了，半个小时就可以吃完离开了。

第三，随身携带一些宝宝喜欢的物品。实际上，带宝宝到餐厅就餐最好的建议就是那句著名的口号：时刻准备着。也就是说要随身带好童话书、画笔、玩偶以及其他宝宝最喜爱的小东西等，以备不时之需。

# 妈妈，你喂我
## ——让宝宝独立用餐

豆豆和妈妈一起到小伙伴乔乔家做客。乔乔妈妈是个厨师，中午的时候做了一桌子好吃的，味道可香了！

两个小朋友的面前都摆了一碗米饭，豆豆看见米饭就对妈妈说："妈妈，我要喂……"妈妈二话没说，开始拿起勺子喂豆豆。一旁的乔乔看见了，对豆豆说："豆豆，羞羞，要妈妈喂……"

难道乔乔不要妈妈喂？豆豆的妈妈有点儿不相信！

只见乔乔坐在儿童餐椅子上，认真地捧了一个碗，拿了一把勺，自己用勺吃饭。

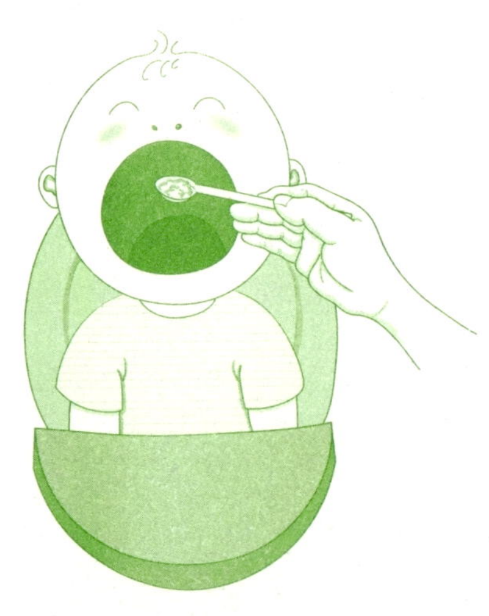

乔乔的碗是一个大塑料碗，想必是乔乔妈妈特意为她准备的；勺是一把小小的塑料勺，很适合乔乔的小嘴巴；菜是和其他人一样的内容——只是都被切成了小块儿。

乔乔的样子十分笨拙，每送一次饭到嘴边，看的人都忍不住把自己的嘴也张得大大的，担心她会喂错了地方，想伸手帮她一把。但是，豆豆妈妈很快就发现，所有的担心都是多余的，乔乔不但吃得很高兴，还觉得很有乐趣呢。

饭吃到中间，乔乔有时会停下来，自己说说话，惬意地喝一小口杯里的果汁，或者不满地敲敲碗沿，告诉别人她在吃饭。那样一个小小人儿，在没有任何人帮助的情况下，独立吃完了一餐饭。虽然餐椅和地上满是饭菜的残屑，她的小脸也花得一塌糊涂，但是她却一脸的开心和满足。

豆豆妈妈很惊讶。乔乔妈妈说从乔乔七八个月开始，她就有意识地让乔乔自己吃小块儿的固体食物，比如煮得软软的胡萝卜、西兰花，再到面包片、小饼干。如此这般，到乔乔一岁多的时候，她就差不多能独立吃完一餐饭了。

豆豆妈妈听后，看看自己的宝贝儿子，同样是两岁的孩子，豆豆却一直要别人喂饭。每到吃饭的时候，家里的大人就要有一个专门喂他，虽然孩子吃得开心，大人却累得要命。豆豆妈妈几次想让孩子自己吃，可是总觉得孩子太小，再喂一阵子吧！看着乔乔妈妈和乔乔吃饭这么轻松，豆豆妈妈决定从明天开始，要慢慢培养豆豆独立用餐了。

## 寻根究底 ?

从儿童生理、心理发育的过程来看，宝宝具有天生的独立意愿。在一岁以后，宝宝的自我意识开始萌动，会表现出较强的自我独立愿望，如爱说"我""我来"等字眼儿。他们渴望做一些事情，在学会走路的同时，他们开始想学着吃饭，而且要自己拿着汤匙吃，不愿得到大人的帮助。和走路、玩玩具一样，自己吃饭也是求知欲和好奇心的表现。正是这种求知欲和好奇心扩展了宝宝的认知范围，培养了他们的独立能力。更重要的是，宝宝通过自己的行为感到自己具备影响环境的力量，并初步品尝到成功的滋味。一般说来，发育正常的宝宝都可以在两岁左右学会自己吃饭，这是他们应该具备的生存能力。

可是大人因为无法割舍的爱一次次地剥夺了他们的独立意愿或独立行为。有的父母或老人心疼宝宝，凡事总爱包办代替，总说宝宝还小，长大自然就会了。就从自己吃饭这件事来说，如果大人总是过分主动，宝宝自然就会相应被动，久而久之，不仅在吃饭这件事上总处于被动状态，甚至连性格和其他行为习惯都会变得被动起来，长此以往，宝宝就会缺乏自信，自理能力差，依赖性越来越强，责任心淡薄，这对宝宝身心的健康发展都是不利的。宝宝学习吃饭的过程也是宝宝心理健康发展的重要过程。宝宝经过自己的努力吃饱了，会由此产生成就感，会增强他们的自信。即使宝宝暂时没有把饭吃下去，有了一些失败的体验，对于宝宝来说也是好事，因为这样可以增强他们的心理承受能力，便于他们将来更好地适应社会。

## 给您支招

当你看到故事里的乔乔坐在餐桌前，手里握着勺子，张大嘴巴，认真地自己吃饭时，说不定也像豆豆妈妈一样羡慕极了："哎呀，这个宝宝真乖。这家大人真是太省心了。我的宝宝要能这样就好了。"再想想自己的宝宝吃饭总是要大人追在后面喂，大人真是伤透了脑筋。

其实，要想让宝宝学会自己吃饭，也不是一件很难的事，只不过要讲究一点儿策略。

### 1、让宝宝自己抓食物吃

宝宝在六七个月大的时候，就想自己用手抓起食物来吃，而且不用大人教他，自己就能办到。这时候大人应该放手让宝宝自己吃，可以给他准备一些面包片、磨牙饼干、水果块或煮熟的蔬菜，放在他面前，让他抓着吃。刚开始时，大人可以一次少给宝宝一点儿，防止宝宝把所有的东西一下子全塞到嘴里，这样容易噎到宝宝。当宝宝吃东西时，弄得满身、满地都是是很正常的事情，大人千万不要嫌收拾起来麻烦，因为这是让宝宝独立用餐的必经之路。

### 2、找准时机让宝宝自己吃饭

有经验的父母可以发现，宝宝十个月以后（有的宝宝可能还要早），当他习惯于用勺子吃辅食时，每次喂饭他都喜欢来抢夺大人手中的餐具，这是训练宝宝自己吃饭的一个很好的时机。

这时候，大人在每次喂饭时，可以给宝宝另外准备一个勺子和一个小碗，当然应该是不易碎裂的塑料制品，让宝宝自己拿着，比画比画。这时的宝宝一般不会来扤碗里的食物，而是拿着餐具高兴地敲敲打打，对吃饭也更加有了兴趣。

过一段时间后，也许在一岁左右，宝宝可能就会用勺子来扤碗里的食物，并模仿大人把勺子里的食物送到自己嘴里，想自己吃饭。这是训练宝宝自己吃饭的最好时机。

### 3、利用游戏教宝宝拿勺子

用勺子扤起食物，并把它送到嘴里，这两件事对于大人来说易如反掌，可对于宝宝来说，却是很难的，他们需要时间来练习，起码得好几个星期。家长可以利用游戏来增加宝宝锻炼的机会，而且宝宝会觉得好玩，并乐此不疲。比如把蚕豆放在一只碗里。再给宝宝一把勺子和一个碗，教宝宝用勺子把蚕豆从一只碗里舀到另一只碗里。家长也可以拿一把勺子，和宝宝一起舀。当然要尽量让宝宝舀，宝宝也喜欢这么做，家长可以在必要时给予一点儿帮助。还有，在宝宝成功的时候，家长别忘了大声表扬一下。

值得注意的是，玩游戏时，家长一定要在旁边看着，并告诉宝宝这是游戏，不要把碗里的食物放到嘴里。如果宝宝用勺子在碗里乱戳、乱捣，家长也不必在意，孩子怎么高兴就怎么来，只要没有危险就行。另外，宝宝在舀豆子时，家长还可以教宝宝数字，一边舀，一边数数。

### 4、宝宝能自己吃了，就不要再喂他

宝宝能独立地自己吃了，有时反而想要妈妈喂。这时，如果你觉得他反正会自己吃了，再喂喂没有关系，那就很可能前功尽弃。如果他坚持让你喂，你可以简单地喂他几口，然后漫不经心地表示他已经吃饱了。这样，他如果想吃的话，就得自己吃。

### 5、不要害怕打扫卫生

宝宝刚开始学着自己吃饭的时候，把环境弄得脏乱是正常现象，因为这个阶段宝宝正在协调使用自己的手和眼睛，但还是不熟练，不能像大人或大孩子那样吃得又干净又快，很可能会把饭菜洒得一身一地。这时，大人不要着急上火，更不能斥责孩子，因为那是宝宝提高的时刻，家长可以及时抓住这一时机，训练宝宝使用眼和手的技能，培养宝宝的自理能力。

另外，为使父母不忙于为宝宝洗衣和擦地，在宝宝吃饭前，大人可以给宝宝戴上围兜或穿上易洗的衣服，用前面有托盘的椅子，或在易清洗有垫板的桌子上吃，也可以把报纸铺在地上，然后准备一块半干的布，以便随时给宝宝擦嘴或擦手。

### 6、及时说出鼓励的话

当宝宝能够比较自如地独立用餐后，家长要及时鼓励宝宝，夸奖他说：宝宝真能干，自己会吃饭了。这会让宝宝产生一种成就感，也有助于宝宝自信心的培养。

# 阿姨，给我一个棒棒糖吃吧
## ——不要让宝宝贪吃别人的食物

乐乐有一双又大又亮的眼睛，特别招人喜爱。乐乐一个多月的时候，到医院游泳，护理孩子游泳的护士阿姨就逗他说：“一双眼睛大又大，追你的女孩儿一坝坝。”妈妈抱着乐乐出去散步，社区里的爷爷奶奶和叔叔阿姨都很喜欢他。每次乐乐在小花园里玩的时候，总有人来逗他，给他点东西吃，表达对乐乐的喜爱之情。

小的时候，妈妈总是用他还不会吃搪塞过去，可是渐渐地，乐乐长大了，经常是妈妈还没来得及说“他不吃这个”，乐乐就已经接过来把东西往嘴里塞了。妈妈意识到应该好好儿给乐乐立立规矩了！

一天，妈妈领着乐乐在小区的健身区玩球，很多其他的小朋友也在。一个经常给乐乐东西吃的阿姨满面笑容地走过来，对乐乐说：“哟，瞧我们的小乐乐，两天没见，有没有想阿姨啊？”乐乐看见阿姨特别开心，直往阿姨怀里扑。阿姨开心地从包里拿出一个棒棒糖，对乐乐说：“给，吃一个甜甜嘴！”

乐乐刚伸出胖乎乎的小手，妈妈就赶忙拦住说：“乐乐不爱吃糖，谢谢阿

姨！”乐乐不解地看着妈妈，小嘴吧嗒吧嗒地流着口水，鲜艳糖纸包裹的棒棒糖把乐乐馋坏了！

等阿姨走后，妈妈对乐乐说：“乐乐乖，不要吃别人的东西，除非妈妈同意，知道了吗？”乐乐低着头不说话。

“嘟——嘟——”手机响了，妈妈放下乐乐，走了两步到一边去听电话。乐乐看妈妈走开了，就转头跑到那个给他棒棒糖的阿姨那里，对阿姨说：“阿姨，给我一个棒棒糖吃吧？”这句话被刚接完电话的妈妈听到了，她三步并作两步跑到乐乐身边，对一脸错愕的阿姨说：“不，不用了，对不起啊！”说完抱起乐乐就回家。

一路上，乐乐委屈地哭了。妈妈也情绪不好，觉得孩子挺丢人的。一大一小回到家，爷爷便感觉出不对劲儿了，问明事情的原委之后，爷爷拿出一个一模一样的棒棒糖给乐乐，希望哄乐乐开心。可谁知乐乐就是不吃，还说要吃就吃阿姨那个，阿姨的那个好吃！弄得爷爷和妈妈都束手无策。

## 寻根究底 ?

小宝宝常常要别人的东西，尤其是吃的东西，弄得家长很难堪，常常觉得宝宝丢人。其实，宝宝要别人的东西是一种很普遍的现象，同样的东西宝宝也总觉得别人的好，这主要是因为宝宝缺乏知识和经验而好奇心又特别强所致。在他们的眼中，别人家的饭更香，别人家的糖更甜，这就是小宝宝的心理特点，总是倾心于没有得到的。在他们的小心眼儿里，想象着别人东西的美好，于是，别人的东西就变得越来越诱人。

从另一方面来说，宝宝“丢人”，家长也有责任。就乐乐的例子来说，我们可以揣测一下乐乐内心的真实想法：哇，棒棒糖好好吃哟，我想要；不行，妈妈说不能要，妈妈好厉害，只好听她的；哎呀，想着糖好难受；不让妈妈知道，偷偷地去要吧！

小宝宝的心理活动是环境刺激的折射，一次又一次的负面反馈，让宝宝的心里有畏缩感，而妈妈的强势权威，又会让宝宝的心理蒙上阴影。宝宝真实的心犹如一株被压抑的弱苗，只好寻找夹缝求生了。这不是宝宝愿意的，而是没有办法的办法。可见，问题虽然出在宝宝身上，而问题的根源却在家长身上。

一些研究也表明，环境的压力越大，大人的权威越大，小宝宝越容易形成这种行为，这与教子的观念紧密相关。你看，很多妈妈在拒绝别人给宝宝零食的时候，就好象宝宝是不存在的。这说明在妈妈的心里，宝宝是她的附属，是被她主宰的，是没有独立人格的。可见，解决问题的关键是妈妈应该转变教子观念。

## 给您支招

当宝宝贪吃别人手里的东西时，家长可以参考以下几条建议：

### 1、增加宝宝有关的知识

通过比较使宝宝知道自己手里的东西到了别人手里还是那个样子，不会变。如宝宝想要别人的饼干，明明家里有，可他偏要别人的。这时，父母不要太强硬，可以在接受了别人的东西后和自己家里的做对比，让宝宝亲口尝。亲身体会到味道是一样的，以后宝宝就不会再要了。

### 2、出门时带上一些必需的食品

现实生活中，有些父母由于一味地强调不能吃别人给的东西，在这方面限制过严，反而增加了别人的食品对宝宝的诱惑力，致使宝宝“眼馋”“嘴馋”，以致形成不良习惯。所以，外出时家长可以带上一些必须的食品，如果宝宝讨要别人的东西吃，家长可以拿出准备好的食物说：“妈妈这儿有，宝宝不要别人的。”以此满足孩子的需要。

### 3、平时注意给宝宝讲道理

平时多给宝宝讲讲接受陌生人东西很危险的事件或故事，将道理融于生动的情景中，讲完了再讨论一下。故事的形式要符合宝宝具体形象思维的特点，宝宝会印象深刻，乐于接受。

### 4、转移宝宝的注意力

有时宝宝要别人的东西，这种东西自己家确实没有，如果经济条件允许，家长可答应（并做到）给他买一个。如果条件不允许，应尽可能把宝宝的注意力引向别处，如对宝宝说：“宝宝，我们去看汽车”“宝宝，你看那花儿多漂亮”。

### 5、争取对方的支持，协同教育

对于不吃别人的食物这一习惯的养成，最有效的方法是请别人不要给宝宝东西吃。家长要争取对方的支持，当宝宝向他们讨食时，请他们不要随便就给，协同做好对宝宝的教育。

### 6、不要强制宝宝不吃别人的东西

好多家长不希望自己的孩子随随便便要别人的东西，因为这样有几个弊端：一、容易造成宝宝以自我为中心。二、对培养宝宝的自控能力不好。但是，像乐乐妈妈那样做，对孩子心理发展也是不好的。一是压制孩子的个性。二是孩子的自尊心受到打击。三是大人也很尴尬。长期这样，孩子就会变得孤僻、不合群、自私……所以，强制孩子不要别人的东西不可取，应该正确地教育、引导，让孩子知道随便要别人的东西是不好的行为，这样孩子就会慢慢改掉这个毛病。

# 今天我要吃三碗米饭
## ——不让宝宝暴饮暴食

小杰一出生就备受宠爱。可是自打小杰可以独立吃饭开始，就一直吃得很少，身体也十分瘦弱。父母为了鼓励孩子多吃饭，想了一个好方法！

一天中午，爸爸让妈妈多做了一些儿子爱吃的菜。看着小杰了无兴趣的样子，爸爸拿出早就准备好的糖果和巧克力，对小杰说：“小杰，看看这是什么？”

小杰一看是最爱吃的糖果和巧克力，立刻撂下饭碗，去抢糖吃。爸爸把糖往身后一藏，说：“小杰，你吃半碗饭，爸爸就给你两块巧克力。你吃得越多我给得越多！你看怎么样？”

小杰开心极了，立刻开始吃碗里的饭，并大声说：“今天我要吃三碗饭！”

爸爸和妈妈非常高兴，觉得小小几粒糖果就让儿子吃得多了，很得意！

小杰大口地往嘴里扒着饭，一口还没咽下去，就着急地吃第二口。

一开始，看儿子吃饭这么带劲儿爸爸妈妈特别开心，可是到了第二碗饭，爸爸妈妈开始有点担心了。本来他们就是打算让儿子吃掉一碗，别像以前似的总是剩下好多。可是儿子的胃口向来小，这第二碗真的能吃得下去吗？

虽然心里有疑问，但是妈妈还是给小杰盛了饭。小杰接过饭碗就开始吃，一边吃一边嘴里还含含糊糊地说："这碗吃完就有四块巧克力了！"

眼看着儿子要将第二碗饭吃完了，爸爸说："好了，给你四块巧克力！今天就吃到这儿吧！"可小杰听了却不同意，说："我还要第三碗！"

妈妈看了看爸爸，不知道该不该盛。

爸爸说："小杰，你还没吃饱吗？已经吃了两碗饭了！"

"没饱没饱，就是没饱！我要第三碗！"小杰说着便跳下椅子，想自己去厨房。

妈妈无奈，只能给小杰盛了第三碗。

吃第三碗饭时，小杰的速度明显慢了很多，但是他仍然很努力地吃着。

终于，第三碗饭吃完了，小杰的肚子也被撑得圆圆的。爸爸妈妈看小杰居然真的能吃完，很高兴地给了小杰六块巧克力。小杰接过后打开包装就吃。

没想到，到了下午三点钟的时候，小杰突然喊肚子疼，接着便出现腹泻、四肢无力的状况。这突然的变故吓坏了父母，两人赶紧打车送儿子到医院。医生诊治后，说小杰是因为吃的东西太多，肠胃一时受不了，从而诱发了急性胰腺炎。

看着精神萎靡、脸色苍白、连说话都没有力气的小杰，爸爸妈妈懊悔不已。

## 寻根究底 ?

所谓暴饮暴食，就是指一次吃的或喝的量太多，超过了正常的胃容量。小儿如果暴饮暴食，会影响他们的生长发育。

儿童全身的各个器官都处于一个幼稚、娇嫩的阶段，它们的活动能力很有限。如：一、消化器官分泌的消化酶的活动比较低，量也比较小，在这种生理条件下，如果吃得太饱，就会加重消化器官的工作负担，引起消化吸收不良；二、由于胃容量过大，使胃失去了蠕动能力，造成机械性膨胀，可造成胃下垂或急性扩张；三、也可使胰腺的负担加重，从而诱发胰腺炎。

另外，还有人认为，宝宝吃得太多会伤害大脑。

第一，暴饮暴食会引起脑部暂时缺血。如果要消化过多的食物，消化道必然扩张，有限的血液和氧气从头部转移到消化道，脑细胞会因而暂时缺血。所以吃得越多，胃肠需要的血液越多，脑供血越少，对大脑危害越大。

第二，暴饮暴食会抑制大脑智能区域的生理功能。管胃肠消化的大脑相应区域兴奋的时间过多，必然引起语言、思维、记忆、想象等大脑智能区域的抑制，智力会越来越差。

第三，暴饮暴食会促进大脑早衰。 研究发现，早衰物质会因饮食过饱于饭后增加数万倍，可导致脑疲劳，造成大脑早衰，影响大脑的发育，降低智力水平。

所以，培养幼儿养成均衡饮食的好习惯，不暴饮暴食，有助于幼儿身体的健康发育。

## 给您支招

父母应该合理安排宝宝每天吃饭的次数、时间和食量，可以参考以下几个建议：

### 1、了解宝宝暴饮暴食的动机

从上面小杰的故事中我们可以得知，他暴饮暴食的动机是得到巧克力。当宝宝迫切地想得到某种食物的时候，食物自然而然成了一种安慰品，一种良好表现的奖励，但并不是宝宝身体的需要。家长在平时劝宝宝吃饭时，最好不要用宝宝喜欢的零食作为诱饵，否则很容易引起宝宝发生暴饮暴食的情况。

### 2、明白宝宝是不是要吃东西

按照正常规律，宝宝吃东西是因为他们感觉饥饿，而且在吃饱后自然就会停下来。但是，通常父母却习惯把宝宝哭泣的原因归结为他饿了，需要吃东西。所以当小孩摔跤的时候、不开心的时候或是表现不错时，家长一般都会给孩子一些好吃的零食来作为鼓励，而这时吃东西的习惯把饿这个基本的生理需要歪曲了。所以，家长要明白宝宝是不是真的饥饿，别动辄就给宝宝东西吃。

### 3、有技巧地打断宝宝的暴饮暴食

英国的人体学专家发现，在餐后 15 分钟，人体对食物的渴望会迅速降低，不管你是否真的吃饱了，都会感到对于继续吃下去没有多大兴趣。这就是我们要有技巧性地打断宝宝暴饮暴食的原因。当宝宝应该吃饱却没有停止用餐继续在大快朵颐的时候，我们可以用一些小理由技巧地打断他们，一般来说，当他们隔了数分钟后再去吃饭，就很难有当初的好胃口了。

### 4、别把美食放在一餐里

每顿饭要合理安排一些宝宝爱吃的食物，别把美食放在一餐里让宝宝享用，这样可以有效降低宝宝暴饮暴食的几率。另外，如果宝宝容易饥饿，家长应给宝宝安排临时加餐，否则强烈的饥饿感也会成为宝宝暴饮暴食的诱因。

### 5、坚定地对宝宝说“不”

宝宝的暴饮暴食往往和家长对其饮食方式上的溺爱、娇纵有关，家长要对贪吃的宝宝坚决地说“不”，对引发宝宝不良饮食习惯的食物要科学合理地安排，同时通过多种方式，让宝宝知道暴饮暴食对身体有害。

# 我想边吃边看电视
## ——不要让宝宝边吃边玩

然然是个活泼的小男孩，可是他太活泼了，连吃饭都安静不下来！这不，他又闹腾开了！

妈妈端着小碗，一边追着然然，一边给他喂饭！原来然然在看“天线宝宝”，他在屋里上蹿下跳，和电视里的天线宝宝一样，一会儿站起来，一会儿蹲下去，一会儿手舞足蹈地跳舞，一会儿……

以前然然吃饭不这样，经常和爸爸妈妈一起在饭桌上用餐，虽然一样吃得满地都是，但是爸爸妈妈至少不用跟在然然的屁股后面伺机喂他一口！直到有一天，然然看见爸爸一边看足球一边吃饭，便开始学样儿了！

那阵子正在播放足球世界杯的比赛，由于有时差，爸爸经常把晚上的比赛录下来，第二天中午吃饭的时候看。饭桌上少了一个人，然然吃饭就不安分了，非要跟着爸爸在电视机前吃饭。妈妈没办法，只好把饭桌挪到了电视机前。

世界杯的比赛持续了将近一个月，然然也养成了一边吃饭、一边看电视的坏毛病。世界杯的比赛结束了，然然的吃饭习惯却没有改变。从此以后，只要是吃饭，然然就一定要边看边吃，唯一不同的是，电视里播的不再是足球比赛，而是天线宝宝之类的动画片。

一天，妈妈喂饭实在是累极了，便训斥然然：“边看电视边吃饭的宝宝不是好宝宝！”

然然抬头看看气呼呼的妈妈，说：“那爸爸也不是好宝宝！”

正在饭桌边吃饭的爸爸愣了一下，夹菜的筷子停在了半空中。他没想到自己的行为会成为儿子边看边吃的证据，于是放下手里的碗筷，走到然然身边，说：“然然，爸爸错了，爸爸以后再也不边看电视边吃饭了，爸爸要做个好宝宝。你能做到吗？”

然然冲着爸爸一笑，用稚嫩的声音回答道：“能！”

妈妈开心极了，冲着然然和爸爸说：“你们两个都是好宝宝！”

## 寻根究底 ?

如果家里正好有一个一岁以上的宝宝，那么吃饭往往就会成为妈妈最头疼的问题。许多家长因宝宝不肯好好儿吃饭，就采取了边喂边玩的方法。其实这样的做法，虽然能哄宝宝将饭吃下，但是带来的隐患很大。

第一，边吃边玩会造成宝宝消化系统和神经系统的混乱。宝宝一边吃一边玩，导致胃的血流供应量减少。吃饭不仅仅是嘴巴吃进去再咽下的事，而是有一系列全身的反应。人在进食时看到饭菜，首先在大脑里引起兴奋，在大脑的支配下，又使胃肠道系统有节律地运动、兴奋，分泌消化液，帮助食物很好地消化吸收，整个进食是一个有机而完整的过程。如果吃饭时心不在焉，对大脑的刺激就会减弱，大脑的支配作用减弱，以至于整个消化系统处于涣散状态，不利于食物的消化和吸收。

第二，边吃边玩不仅损害了宝宝的身体健康，也使宝宝从小养成做事不严肃、不认真的坏习惯。随着年龄的增长，宝宝的专注能力要逐步加强，要在各种活动中进行培养。若是宝宝从小养成一心二用、注意力不能集中在一件事情上的习惯，在心理发展的过程中，宝宝从无意注意转向有意注意过程就要延缓，甚至上了幼儿园，也不能集中注意力专心地听教师讲课，这对宝宝将来的学习会有很大影响，所以家长一定要引起重视。

## 给您支招

边吃边玩主要因父母对孩子的溺爱和缺乏正确的教养经验所致，纠正的关键在于父母应认识其危害，并做到以下几方面：

### 1、让宝宝自己端碗或拿勺子

家长可以试着让宝贝自己端碗或拿勺子，这样既锻炼了宝宝的动手能力，同时又使宝宝的手空不出来拿玩具，避免了宝宝转移注意力，而且宝宝通常对自己拿碗或勺子非常有兴趣。

### 2、少吃零食，多做运动

有的妈妈生怕饿着宝宝，就给宝宝准备了许多水果、饼干等各种零食。殊不知如果饭前让宝宝进食了过多的零食，就会令宝宝对正餐失去应有的兴趣，所以家长应有意识地少给宝宝吃零食。除此之外，家长还要和宝宝一起多做些运动，通过锻炼来增进宝宝的食欲，增强宝宝饭前的饥饿感，这样就能降低宝宝边吃边玩的欲望。

### 3、找对时机再开饭

给宝宝吃饭，一定要等他饿了，那个时机喂饭最好。当然，宝宝饿的时候，即使手里拿着玩具或正在看电视，但为了吃饭，家长强行停止这些活动，宝宝一般也会奋力反对。如果宝宝还是奋力反对，那么家长在做饭前可以算好宝宝要玩多长时间，或者动画片要放多长时间，一结束就开饭。

### 4、宝宝吃饱后就不要再硬塞食物给宝宝

宝宝吃饱了，家长就不要再硬塞给他吃。一般来说，宝宝如果开始边吃边玩或者把嘴里的饭菜吐出来，就说明他的肚子确实已经不太饿了。父母如果见到宝宝对吃饭没了兴趣，就应该态度坚定地把饭菜收走。

### 5、排除引发宝宝玩的因素

宝宝的自控力较低，注意力很容易随外界转移，所以宝宝进餐时，家长应尽可能排除引发宝宝玩的因素，比如不要开电视、不要拿玩具给宝宝等，并尽可能将看电视的时间与吃饭时间错开。值得注意的是，家长千万不要拿着饭碗跟在宝宝后面迁就宝宝，要让他们知道吃饭就必须到餐桌前，但切勿把气氛搞得严肃可怕。

### 6、利用宝宝的逆反心理

两岁以后，宝宝特别喜欢与父母对着干，家长越是让他坐着吃饭，他越要走来走去，动这儿摸那儿。家长可以利用宝宝的逆反心理，有意地说："今天的饭真好吃，你先别吃了，玩去吧！"或者说："菠菜有营养，你少吃点儿

吧！”这样，宝宝一边喊着我要吃，一边会大口地吃很多。

### 7、制作一张反馈表鼓励宝宝

制作反馈表也是让宝宝不边吃边玩的好方法。家长在餐桌前贴一张表，登记宝宝用餐的情形：没有边吃边玩贴一颗大星星，30 分钟之内吃完画一个苹果，不剩饭画一颗小星星……让宝宝明白其中的含义，体验成功的喜悦。一段时间后，家长再根据宝宝的表现对宝宝进行奖励。

### 8、家长要以身作则

家长要像故事中然然的爸爸一样，以身作则，否则，宝宝会觉得不公平，心里也会很不满，对于家长的批评，更不会心服口服。所以，家长要从我做起，为宝宝做好榜样。

总之，宝宝的进食过程是一个复杂的行为，受到生理、心理和家族成员的影响，并与家长的素质、观点、行为有着特别密切的关系。因而，对待宝宝的进食和培养良好的饮食习惯问题，家长不能怕麻烦，更不能草率从事，也不能因为宝宝小，就听之任之。如果宝宝养成不良习惯，要纠正起来可能很困难。

# 妈妈，我的嘴巴臭吗
## ——让宝宝饭后会漱口，会擦嘴

豆豆虎头虎脑的特别招人喜爱。一天，豆豆和妈妈在小区的空地上玩，来了几个豆豆平时最要好的小朋友，豆豆开心极了，一见他们就赶忙跑了过去。

今天玩什么呢？豆豆挠了挠头……妈妈给豆豆出了个主意："你们玩悄悄话的游戏吧！"几个小朋友点点头："怎么玩呢？"

"我对豆豆说一句悄悄话，豆豆再把这句悄悄话传给下一个小朋友。记住，一定要轻轻地说哟！到了最后一个小朋友，就大声地把听到的话说出来。如果说错了，就要让他给大家表演一个节目！"

"好！"小朋友们听了都兴致勃勃的。

游戏开始了，妈妈对豆豆说："树上有只黄色羽毛的小鸟！"

豆豆一边喃喃地重复着，一边凑近另一个小朋友说："树上有只……"话才说了一半，那个小朋友就跳开了，大声嚷嚷起来："你的嘴巴臭臭！"

豆豆一愣，忙反驳说：“没有，没有，你才臭呢！”

“不跟你玩了，嘴巴臭臭！”那个小朋友走了。其他的小朋友也跟着起哄：“豆豆，臭臭，豆豆，臭臭……”

豆豆委屈极了，转身扑到妈妈的怀里，哭着问：“妈妈，我嘴巴臭吗？”

妈妈凑近豆豆的嘴巴闻了闻，气味是不对，有种隔夜的臭鸡蛋味儿。但是妈妈还是安慰豆豆说：“你肯定是今天吃饭以后没有漱口吧？没关系的，以后吃完饭以后记得漱口，就不会有味道了！”

豆豆拉着妈妈的手说：“回家，洗嘴巴……”

一进家门，豆豆就拿了一个好大的杯子让妈妈给他灌水。妈妈一边帮豆豆漱口，一边说：“一定要坚持饭后擦嘴、漱口，过几天就不会有味儿了！一定要记住啊！”

从那天以后，豆豆每顿饭之后都会主动要求妈妈帮助他擦嘴、漱口。妈妈在这几天里也阅读了一些书籍，少给豆豆吃油腻、不易消化的食品，多给豆豆喝水，吃新鲜水果。果然，几天之后，豆豆嘴里的怪味儿就轻多了。

## 寻根究底 ?

由于宝宝的年纪小，没有养成固定的卫生习惯，所以有口臭在所难免。造成宝宝口臭的原因很多，需要家长多加注意。

第一，习惯不良。妈妈没有给宝宝建立口腔清洁或刷牙的好习惯，小嘴巴当然会散发出不好闻的气味。当口腔内有积奶或积存的食物残渣未能及时清理，或嵌塞于牙间隙和龋洞中的食物发酵腐败，就会散发出异味或臭味。

第二，唾液减少。水和唾液在口腔中可润滑黏膜，清除微生物，维持口腔内的清洁环境。如果宝宝不注意补充水分，口腔中的水和唾液减少，口腔干燥，细菌分解释放、挥发性产物增多，小嘴巴就会发出臭味。

第三，消化不良。当宝宝吃零食过多、饮食没有节制、暴饮暴食或吃了不洁净的食物时，加重了胃肠负担，损伤了脾胃，造成胃肠道疾病以及消化功能紊乱和消化不良的情况时，宝宝就会表现出厌食、口臭、便秘等症状。

第四，口腔溃疡。口腔溃疡发生的部位多见于宝宝口腔黏膜及舌的边缘，常是白色溃疡，周围有红晕，碰到的话会十分疼痛，特别是吃了酸、咸、辣的食物时，疼痛更会加剧。口腔溃疡的宝宝更易发生口臭，并常伴有血涎。引起口腔溃疡的病因较复杂，不一定就是因为上火，很可能和宝宝的偏食有关。

第五，发生炎症。龋齿或牙龈炎：牙龈炎或嵌塞于龋齿洞和牙间隙中的食物发酵腐败，从而发出异味或臭味；呼吸道疾病：如气管炎、肺炎、肺脓疡、支气管扩张等会影响消化系统功能，导致胃肠功能紊乱而消化不良产生异味，或者疾病本身导致呼出气体可带腐烂臭味；鼻源性疾病：如鼻炎、鼻窦炎，宝宝玩耍时把异物塞入鼻腔发生腐败，也会引起口腔异味；此外某些患有中耳炎的宝宝也会有口臭。

另外，宝宝口臭的气味不同，所提示的身体疾病也不同。家长可以通过宝宝口腔的气味来判断宝宝的身体状况。

如果闻到宝宝口腔内有臭鸡蛋味，则表明宝宝可能是消化不良；如果是腐败性臭味，则多为宝宝口腔内有炎症；口腔内有酸味，可能是宝宝胃肠功能发生紊乱；有血腥味则可能是宝宝有鼻出血、消化道出血等出血性疾病。家长如果发现宝宝口腔内持续出现异味，就应该带宝宝去医院进行检查，看看宝宝是不是身体其他部位出现异常。

## 给您支招

为了防止宝宝出现口腔异味，家长需要从多方面注意。

### 一、帮助宝宝清洁口腔

家长要培养宝宝养成良好的卫生习惯，做到饭后漱口，早晚刷牙。一岁以下的婴儿，在哺乳后或每天晚上睡觉前，妈妈应用纱布蘸温水清洁宝宝的口腔，或者哺乳后给宝宝喂些温开水；一岁以上的宝宝不妨在每天晚上喝些温开水，或用淡盐水漱漱口，也可试着用手指牙刷刷牙；两岁以上的宝宝，就可以自己学着刷牙了。不过，为了保证有效刷牙，妈妈可以进行适当的帮助。

### 二、宝宝的饮食要有规律

要消除口臭，必须先找出引发口臭的原因。现在最常见的是宝宝吃零食过多，三餐不规律引起的消化不良导致口臭。

家长要尽量让宝宝的饮食规律化，多吃蔬菜水果，粗细粮搭配着吃，少吃甜食。糖果和巧克力等是高热量、高脂肪的食物，多吃会影响胃肠消化酶的分泌，加重胃肠负荷，造成消化功能紊乱，损伤脾胃，还会造成宝宝抵抗力下降。特别是睡前，宝宝不宜吃甜食，因为晚上吃东西会增加胃的工作量，没有消化完的东西会在胃里残留，形成体内垃圾。晚饭后，宝宝可以少量吃一点儿水果，喝一点儿水。此外，家长还要注意观察宝宝的食量，防止出现消化不良，一旦宝宝出现消化不良，可适当服用一些助消化药和胃肠动力药。

### 三、给宝宝增加水分

要消除口腔异味，重要的一点是要喝足够的水，尤其是在晚上。临睡之前，一般家长不愿意给宝宝喝水，因为怕宝宝晚上要起夜或者尿床，但是，如果宝宝喝水太少，早上起来嘴里面就会有异味。怎么样知道水喝够了呢？就是宝宝每天上午至少有两次比较充足的尿量，如果早上七点起床的话，在十点以前一定要有两次的排量。如果尿比较少，而且尿的颜色比较深，或者尿的味道比较大，那么肯定是水分不够，这时家长要注意给宝宝补充水分。因为饮水也有个习惯，有的人渴了也不喝水，所以一定要主动给宝宝补充水分。

### 四、注意宝宝是否有龋齿

当家长发现宝宝的口腔有异味后，可以带宝宝到医院的口腔科检查一下宝宝是否有龋坏的牙齿。因为有龋坏牙齿时，由于食物长期滞留在坏牙中，再加上细菌的作用，会产生腐败的气味。如果宝宝的牙齿及牙周有问题，应马上进行治疗，治疗后，口腔异味即可消失。

口中有气味不是一天半天就能治愈的，所以家长要鼓励宝宝坚持，少吃不健康食品，多喝水，多运动，卸下宝宝的心理负担，相信很快宝宝就会口气清新的。

# 水不甜，我要喝饮料
## ——让宝宝爱喝白开水

龙龙是一个乖巧的孩子，但有一点却让爸爸妈妈非常苦恼，就是不爱喝白开水。有一次，妈妈耐心地问龙龙：“你为什么不爱喝白开水？”龙龙说：“白开水不好喝，没有饮料甜，我要喝饮料。”

是啊，平时奶奶、姑姑经常给龙龙买各种饮料、汽水，龙龙的嘴巴可刁了。夏天的傍晚，龙龙经常和小朋友出去玩。有时候运动完会出很多汗，妈妈就趁机让龙龙喝白开水。龙龙只抿几小口，就再也不肯喝了。

平时，每天除了喝一杯鲜榨果汁外，喝白开水的时候都要加一些糖，龙龙才肯喝。妈妈看到龙龙这样，觉得长期下去肯定不行，就变着法儿地鼓励龙龙多喝白开水。

有一天，一家人要外出游玩，妈妈特意买了一个用小杯子当盖子的保温壶。龙龙第一次见到它，非常新鲜，反反复复地玩，一会儿开，一会儿关，一会儿倒水，同时也喝了不少水。后来，只要一外出，妈妈就带上保温壶。

一段时间以后，保温壶坏了，妈妈又买了一个漂亮的蓝猫造型的水壶。龙龙平时最喜欢看《蓝猫淘气三千问》，有了这个水壶，龙龙恨不得在家里喝水都用它，要是出门，更会带着它。

蓝猫水壶用坏了以后，妈妈又给龙龙买了一个更别致的水壶——上面印着龙龙的照片。这下龙龙可牛了，经常把水壶炫耀似的挂在脖子上。一次，龙龙的扁桃体发炎，在医院里打吊针。旁边的一个妈妈拿出冰红茶给自己的孩子喝，那个孩子见龙龙用漂亮的水壶喝水，就说："我也要用那么漂亮的水壶喝水。"龙龙虽然没有搭话，但是妈妈看得出来，龙龙的心里美滋滋的。

漂亮的水壶用了一个又一个，龙龙喝白开水的快乐也在不断增加。

## 寻根究底 ?

如今渴了喝饮料的宝宝越来越多，喝白开水的却越来越少，其实这是很不对的。

白开水是一种最普通、最方便、最廉价的饮料。虽然白开水淡而无味，但对人体有利，因为白开水容易透过细胞膜，促进人体新陈代谢，有利于体内废物的排泄。科学研究还发现，煮沸后自然冷却的凉开水能增加血液中血红蛋白含量，增进机体免疫功能，提高人体抗病能力；习惯于喝凉开水的人，体内脱氢酶活性高，肌肉内乳酸堆积少，不容易产生疲劳。

宝宝体内水的比重超过成人。婴幼儿每日每公斤体重需水110～150毫升。补充水分最好是白开水，水果、饮料都不能代替白开水。因为一些高糖高热饮料不仅无法解渴，反而会加重身体的缺水，引起口渴。含糖过多的饮料，不仅不易被人体细胞吸收，而且所含的糖类在体内氧化分解时还要消耗一些水分，致使饮后更加口渴。此外，饮料中所含的人工色素和防腐剂会阻碍儿童的生长发育，过多饮用饮料会导致儿童过胖或过瘦，或者引发多种疾病，如果汁尿等。像故事中的龙龙，原先爱喝用糖兑的水，这是对身体有害的。过多的糖被吸收，会伴随大量水潴留，结果使宝宝的肌肉及皮下组织变得松软无力，极易形成“泥膏样”体质，即外观上白白胖胖，但机体抵抗力低下，容易得病。

另外，宝宝的胃容量有限，在饭前喝甜饮料，必然影响宝宝的食欲和进食量，影响对所需营养素的全面摄取，久而久之，便造成营养失调或营养不良，影响宝宝的生长发育和健康。其次，饮料喝多了，必然增加胃肠的负担，引起消化功能紊乱，从而诱发消化系统产生疾病。

## 给您支招

怎么让宝宝多喝白开水呢？请参考下面的几个建议吧！

### 一、喝水习惯在 2 ~ 3 岁时期养成

美国田纳西州大学一位博士的科学实验表明：“宝宝在 2 岁时的饮食习惯、喜欢吃的食物种类，即使到 8 岁时，再增加的食物不过 4%。儿童随着年龄增长，口味的改变并不大，饮食倾向早在 2 ~ 3 岁时即已形成。”所以说，宝宝爱喝白开水的习惯完全可以在早期培养而成，每位家长在宝宝最初成长的 2 ~ 3 年内，不让宝宝接触饮料，或者尽量少让宝宝饮用饮料，宝宝自然就不会拒绝喝白开水。这样，家长不但可以节约一笔开销，而且还为宝宝的健康奠定了一定的基础。反之，如果宝宝还小，那么改变宝宝的饮水习惯还来得及，越早改，宝宝越不会上瘾。

### 二、拒绝时，告诉宝宝原因

家长在拒绝宝宝的同时，要让他们知道原因，比如可乐太甜了不健康，喝

多了会变成大胖子，就长不了高个儿……如果一味地拒绝，也许会引起宝宝的逆反心理。宝宝可能会认为，不是不能喝，是你不让我喝，为什么其他家长就让宝宝喝饮料！这时，家长可以试着跟宝宝有个约定，如一个星期可以喝一次可乐，或周末的时候可以喝珍珠奶茶等等，让宝宝解解馋。但是，家长一定要帮宝宝建立“偶尔喝饮料可以，但平常要喝没有味道的水才是正常”的观念。

### 三、坚持立场不妥协

当宝宝吵着非饮料不喝时，家长们可不能因为担心宝宝水分摄取不足而妥协。一个怕字，很容易让家长变得被动。除非宝宝出现脱水现象（如不爱动、皮肤干燥、嘴唇干裂等），否则家长不必太焦虑。觉得对的事，家长就要坚持立场，不能示弱。另外，所有大人必须沟通好，千万不要发生跟妈妈要不到，跟爸爸要就有的漏洞。

### 四、身教重于言教

自己喝着可乐却要宝宝多喝水，没有说服力，宝宝也会觉得不公平。宝宝会随时观察父母的做法，并照着做，看到爸妈口渴了就倒杯水来喝，自然就会学着喝水；如果他看到爸妈经常到冰箱找饮料喝，就算当面不敢，背地里也可能偷偷畅饮。所以，全家人要做好约定，在宝宝面前一律喝白开水，大人喝的时候，也可以拿不同的小容器给宝宝喝一些。宝宝在家时，家里要常备有刚刚冷却不久的白开水，而可乐、果汁等饮料不应成为冰箱里的常备饮品，以免宝宝可以随时得到。

### 五、给宝宝买个漂亮的容器

我们不妨通过各种手段引导宝宝喜欢喝白开水，比如，经常变换宝宝喝水的用具；或者用吸管喝水，让宝宝观察水位是如何降低的……前面故事中的龙龙妈妈就非常聪明，她用各种各样的漂亮水壶给宝宝喝水，效果很不错。

### 六、陪宝宝多做运动

宝宝自身排出的水分多了，需要的水分也就相应增加。所以，家长平时要陪宝宝多运动，多消耗，多出汗（出汗后要擦干，以免着凉了），身体饥渴了，宝宝自然要喝水。

### 七、让宝宝科学饮水

白天应让宝宝在两顿饭之间适量饮水，大约每隔一个小时喝一杯水。不要等到宝宝口渴时才想起喝水，因为在感到口渴时，体液已经有所损失了；也不要让宝宝大口吞咽，因为喝水太快、太急，会无形中把很多空气一起吞咽下去，容易引起打嗝或腹胀，因此在喝水时，最好先将水含在口中，再缓缓咽下。

不要给宝宝喝太多冰水，因为大量喝冰水容易引起胃黏膜血管收缩，不但影响宝宝的消化，甚至有可能引起肠痉挛。再者，睡前让宝宝少喝水，睡后宜多喝水。因为睡前喝太多的水，会造成眼皮浮肿，半夜也会老跑厕所，使睡眠质量不高。而经过一个晚上的睡眠，人体流失的水分大约有 450 毫升，早上起来需要及时补充，因此早上起床后空腹喝杯水有益于血液循环，也能促进大脑清醒，使这一天的思维清晰敏捷。

# 培养宝宝良好的卫生习惯

## 我刷得比你快
### ——让宝宝学会自己刷牙

聪聪刚长出牙齿的时候，妈妈就意识到应该给聪聪刷牙。可是奶奶却说：“孩子才多大啊，就刷牙！再说了，这些牙齿以后总是要换掉的，不刷也没事！”妈妈犹豫了一下，觉得还是应该让聪聪及早养成好习惯，而且给聪聪刷牙不过是举手之劳。

做了决定之后，妈妈专门买了一个乳儿牙刷套，每天早晨和晚上套在手指上，蘸了温开水给聪聪刷牙。当时聪聪觉得很有趣，大概是当成玩具了，不是用牙床紧紧咬住妈妈的手指不放，就是不肯张嘴，或者把牙刷套抢过去在手上把玩。因为当时的目的在于让聪聪建立刷牙习惯，所以，尽管这样，妈妈仍然每天早晨和晚上坚持给他刷牙，哪怕只是装装样子，也一定要做。同时，妈妈每天刷牙时也刻意让聪聪看到，日复一日，聪聪就知道刷牙是每天的必修课了。

聪聪快三岁的时候，有一天，妈妈和他一起逛儿童用品商店。聪聪看见一套小青蛙造型的牙具，很感兴趣地看了半天。看聪聪这么喜欢这套牙具，妈妈就给他买了下来。回到家以后，妈妈问聪聪：“想不想自己用小青蛙牙刷来刷牙啊？”聪聪特别开心，连连点头。妈妈于是耐心地教聪聪刷牙的方法。渐渐地，聪聪能够自己刷牙了。

可是有一阵子，聪聪不喜欢刷牙了，一家人谁都不知道为什么，都认为孩子在闹情绪、撒娇，还很严厉地批评他，每次都弄得聪聪哭哭啼啼的。有一次，妈妈在和聪聪玩游戏的时候，问他为什么不喜欢刷牙，这才知道聪聪原来是不喜欢中草药牙膏的味道，觉得很苦。后来，妈妈给聪聪买了一支水果味道的牙膏。聪聪又喜欢刷牙了，说刷牙的时候就像在吃水果糖。

有一次，妈妈和聪聪一起刷牙，聪聪一边看着妈妈，一边刷着，还含糊不清地说："我刷得比你快。"从那以后，妈妈就刻意跟聪聪一起刷牙，从挤牙膏开始计时间，刷牙必须满三分钟，一直到最后漱口、放牙具。当然了，比赛还包括最后谁的牙齿最白，谁的动作最标准。聪聪跟妈妈比赛了几次，几乎每次都赢——当然，是妈妈刻意让着聪聪的。后来聪聪不满足了，又拉上了爸爸。每天早晚，一家人一起刷牙总是很有乐趣。

看着别家的宝宝总在刷牙的事情上吵吵闹闹，而聪聪却能找到趣味和快乐，妈妈特别高兴。

## 寻根究底 ?

婴儿在出生后六个月左右开始长牙，一般到两岁半左右 20 颗乳牙就都出齐了。从第一颗乳牙萌出起，爸爸妈妈就应该开始注意对宝宝的牙齿加以保护，对宝宝的口腔进行适当的清洁。但是，有很多爸爸妈妈像故事中聪聪的奶奶一样，认为宝宝乳牙长得好不好无所谓，反正迟早要换掉的。其实，宝宝的乳牙兼具咀嚼、发音、美观以及维持恒牙萌出空间的功能。如果乳牙没保护好，会导致乳牙排列不齐，比如龅牙和地包天。而且，长了龋齿，严重的会影响到牙根，进而影响宝宝的颌骨发育、进食及语言功能，甚至还会影响到宝宝的面容。因此，宝宝的护牙工程要从婴儿期做起。

有很多家长认为，在宝宝牙齿还没有长齐的时候，没有必要刷牙，漱漱口就行了。可是，一般的漱口可以除去食物碎屑和部分软垢，能暂时减少口腔中的细菌数量，但不能清除宝宝牙齿上的牙菌斑，而刷牙正是通过机械作用清除牙菌斑、软垢和食物碎屑，对牙龈进行按摩，促进牙龈的血液循环，增进牙龈的健康。

儿童从三岁开始就要养成自己早晚刷牙的良好习惯，尤其是晚上刷牙特别重要。因为入睡后唾液分泌量减少，而唾液中和口腔中的酸性物质有冲洗口腔的作用，唾液减少正好给口腔中的细菌繁殖创造了条件。如果睡前不刷牙或没刷干净，食物残屑在细菌的作用下很快就会发酵产酸，再加上口腔因睡眠而缺少唾液，不能稀释中和细菌产生的酸，牙齿就很容易受到腐蚀，日久就可能引发龋齿。所以在睡前刷牙，把留在牙缝和牙面上的食物残屑刷干净，刷完后不再吃任何东西，可以维护宝宝一夜的口腔卫生。

## 给您支招

刷牙是许多父母照顾宝宝的一大难题。因为要让宝宝心甘情愿地刷牙，又要刷得干干净净，的确是一大考验。

### 一、辅助婴幼儿刷牙的注意事项

第一，宝宝萌出第一颗牙后，妈妈可选用套在手指上的指套牙刷来为小宝宝刷牙，这样不仅能洁齿，而且还能轻轻按摩齿龈。这种指套大多是用为宝宝专门设计的咬牙胶做的，有多种设计，有的突出沟槽，有的还会发出奶香味或水果味，不但宝宝会喜爱，而且还满足了宝宝想咬东西的欲望。

第二，当宝宝知道刷牙的水不能咽下去后，即可使用适量牙膏，大约一个豌豆大小的牙膏就足够，如果使用太多牙膏，容易使刷牙场所受限。加上小小孩一开始会一直吐牙膏，增长刷牙的时间，容易引起孩子不耐烦的情绪。

第三，一开始，家长可让宝宝靠在自己大腿或小腹上，让宝宝的手跟着妈妈的手一起刷牙，并记得将他的头往左或右偏 45 度角，以防止口水哽在喉头。

第四，刚开始替幼儿刷牙时，不要强求刷干净，先让宝宝习惯刷牙的姿势和动作，再用清水彻底漱洗干净。且要给宝宝足够的时间，让宝宝好好儿享受刷牙的乐趣！

### 二、找准时机让宝宝自己刷牙

两三岁的宝宝喜欢模仿大人的各种活动，当宝宝开始抢夺家长手里的牙刷时，正是让宝宝学习一些基本生活技能的大好时机。家长可以顺势满足宝宝模仿的愿望，让宝宝自愿、主动地学会刷牙。

### 三、教给宝宝正确的刷牙方法

全国牙病预防指导小组推荐一种竖刷法：将牙刷头平行于牙面，并与牙面成 45 度角，然后顺着牙的长轴刷；刷上牙时从上往下刷，刷下牙时从下往上刷，刷后牙咀嚼面时，前后来回刷；里里外外都要刷到，每次三分钟。

训练宝宝刷牙时，要避免过多的拉锯式的横刷法，因为日久天长会在牙根处锯出一道深沟，医学术语叫“楔状缺损”。有这种楔状缺损的宝宝，轻者吃冷、热、酸、甜食物时会引起牙齿酸痛，重者会造成牙髓炎，使宝宝牙疼得坐立不安。

另外，教宝宝自己刷牙，不要指望一步到位，宝宝会马上全部学会。刚开始可以让宝宝模仿成人的动作，让宝宝对刷牙感兴趣。几周后，让宝宝逐渐掌握上下转动牙刷的动作要领，用清水刷。最后，再挤上牙膏，让宝宝用牙刷从外到里，有顺序地刷。

## 四、为宝宝选择合适的牙刷、牙膏

帮助幼儿选择牙刷时，牙刷头的长度最好相当于四颗门牙的宽度为宜；牙刷的软硬度则以不刷痛宝宝的牙龈为原则。牙刷最好要选择适合宝宝使用的保健牙刷，两排毛刷，每排六至七束，毛质软，牙刷头和牙刷把的长度均适合宝宝。另外，牙刷在使用一段时间后，要及时更换，一般三个月一次。

含氟牙膏是目前有效防治龋齿的牙膏，但使用不当，宝宝容易得氟牙症。氟的防龋作用与产生毒性之间的界限很小，再加上宝宝的吞咽控制能力还不完善，就容易误吞含氟牙膏，导致摄入过量的氟，使牙齿产生一些斑点，严重时使牙齿变黄，表面粗糙，容易缺损。因此，三岁以下的宝宝最好不要使用含氟牙膏。另外，牙膏应交替使用，长期固定使用一种牙膏，会使牙细菌产生耐药性。

为了充分地调动宝宝学刷牙的兴趣，爸爸妈妈可以预先带宝宝到商店挑选喜欢的杯子、牙刷和牙膏等用品。宝宝看着自己挑选的心爱的刷牙用具，参与的热情自然就会很高。

## 五、为宝宝准备温水刷牙

有关资料表明，人的牙齿能在 35℃ ~ 36.5℃的口腔温度下进行正常的新陈代谢。如果经常给牙齿以骤冷骤热的刺激，则可能导致牙髓出血、牙髓痉挛或其他牙病的发生。科学家通过研究认为，用温水刷牙有利于牙齿的健康。反之，长期用凉水刷牙，就会出现“人虽小，牙已老”的结局。日本厚生省的一项调查表明，牙齿的寿命平均比人的寿命短 10 年以上，根源便出在凉水刷牙这一群体习惯上。实践也证明，35℃左右的温水是一种良性的口腔保护剂，用这样的水漱口，既利于牙齿，也利于咽喉和舌头，还利于清除口腔里的细菌和食物残渣，会使宝宝产生一种清爽、舒服的口感。

## 六、鼓励宝宝每天坚持刷牙

在宝宝开始刷牙后，可以给宝宝一天的作息时间表中安排上刷牙这一项，坚持早晚各一遍。刷牙是每个宝宝必须做的，不能想起来就刷一次，只有坚持不懈地养成习惯，才能拥有一口整洁完美的牙齿。因为是刚开始，可以给宝宝把时间留得充裕一些。并且，在宝宝坚持刷牙时，家长要多多鼓励，这样才能让宝宝把好习惯坚持下去。

# 怎么天天都要洗脸啊
## ——让宝宝每天早晚洗脸洗脚

麟麟最讨厌每天早晨洗脸、晚上洗脚了！每次妈妈要麟麟洗脸，麟麟都会不理解地说："怎么天天都要洗脸啊？不脏！不洗！"在麟麟看来，昨天晚上已经洗过脸了，不过睡了一晚上，又没有出去玩，也没有蹭上什么脏东西，为什么又要洗呢？

妈妈有耐心的时候，会好好儿地给麟麟讲道理。妈妈不耐烦的时候，就强制执行。麟麟总是免不了一阵哭闹。而晚上的洗脚、洗屁股，则又是一场战争。

这天晚上，麟麟正在看最爱看的动画片《海绵宝宝》，正带劲儿的时候，妈妈端了一盆热水来到麟麟跟前："宝贝儿，洗屁股啦！"

"不！"麟麟干脆地拒绝了。

"每天都要洗脚、洗屁股，小朋友要讲卫生。"妈妈耐心地和麟麟说。

可是麟麟根本不答理妈妈，在沙发上蹦来蹦去，完全陶醉在动画片的精彩情节中。妈妈一看麟麟不听话，生气地把电视机关掉了。

原本蹦蹦跳跳的麟麟一下子停住了，"开！"麟麟一边大声嚷嚷，一边在沙发上打滚。

"你洗完我就给你开！"妈妈毫不退让。

"你不开我就不洗！"麟麟也不是省油的灯。

在书房看书的爸爸听见争吵声，赶紧走出来，一看到这个场景，心里就明白了八九分。他摸着麟麟的头问："乖宝宝，为什么不洗呢？"

"我要看电视！"麟麟依然不依不饶。

"看电视？看完电视水都凉了！"妈妈气鼓鼓地说。

"这样吧，"爸爸用和事老的口气对麟麟和妈妈说，"看完电视洗。但是今天麟麟要学会自己洗脚，行吗？"

"好！"麟麟开心地跑去开电视。

爸爸对妈妈说："以后你给孩子洗脚看着点儿时间，让他看完电视以后再洗，不就没今天这回事儿了嘛！对了，今天我来教儿子洗脚，他也应该学学了。"

妈妈点了点头。

## 寻根究底 ?

大多数宝宝都活泼好动，一般情况下，每天除吃、喝、睡、大小便以外都处于活动状态。有的宝宝不管天气多冷、多热、刮风、下小雨等，都要在外面跑跑跳跳。大家都知道，脸是裸露在外面的，经常和空气中的飞尘接触，加上人的面部分泌皮脂和汗液较多，再加上活动量大，脸是容易沾污积垢的。每天早晚洗脸，不但可以保持面部的皮肤清洁，而且还可以起到按摩作用。

洗屁股是一个应该引起爸爸妈妈重视的清洁环节，很多家长自己都不天天洗，所以对孩子的要求也放松。其实，屁股是极易藏污纳垢的地方，而且男宝宝和女宝宝洗屁股时都应有不同的注意事项，这一点在“给您支招”中会有详细阐述。

宝宝的脚由于不断地走动，更容易被灰尘污染，再加上鞋袜包裹，通风散热差，脚很容易出汗，时间长了，就可能滋生病菌。洗脚可清除污垢，防止毛孔堵塞而皮肤发炎，使宝宝觉得舒适。宝宝的皮肤表层很薄，血管丰富，脚底还有很多穴位，睡前用温水洗脚，不但可以去污，还能促进血液循环，消除下肢沉重感，解除疲劳，同时，洗脚还对宝宝的大脑有抑制作用，能促进睡眠。冬季睡前洗脚，还能预防冻疮。

## 给您支招

宝宝的清洁工作是每天必做的，但是你是不是做对了呢？

### 一、科学地给宝宝洗脸

洗脸不是拿块毛巾胡乱地在脸上蹭几下就行了，而是有很多要注意的地方。

第一，给宝宝洗脸的水温。早晨洗脸最好用冷水。手和面部接触冷水后，大脑就会兴奋起来，指挥全身各个系统加强活动，增加热量，这时与较寒冷的空气接触就容易适应，增加了抗寒能力。冷水洗脸的同时，鼻腔里的血管由于寒冷刺激而收缩，随即因搓擦脸部，血管又很快扩张。鼻部血管的弹性和鼻黏膜的耐寒能力提高了，不但能预防感冒，而且对神经系统有一定好处。晚上洗脸用温水为好，温水易于去污垢，反之，如果用冷水洗，会兴奋神经，影响入睡。

第二，冬季给宝宝洗脸要特别细心。天气又冷又干，大人的皮肤都会出现起皮、干燥等问题，婴幼儿幼嫩的肌肤更应该得到加倍呵护。可是，不少年轻父母对宝宝的皮肤护理没什么经验，以为给宝宝用最贵的就是最好的，甚至把大人的一些护肤品都用在小朋友的脸上，这对宝宝没什么好处。冬季天气寒冷，婴幼儿的活动明显比夏天少，从而出汗和皮脂分泌也就没有那么旺盛，所以清洁工作也不必做得太频繁。对于小宝宝来说，每天洗一到两次脸就够了。

第三，为宝宝正确选择清洁用品。给婴幼儿选择面部或身体的清洁用品，首先要选择功能比较简单的产品，除了清洁之外的功能越少越好，尤其是不要选择有杀菌等功能的，免得刺激宝宝娇嫩的皮肤，引起过敏。一些国内外知名品牌的清洁用品效果都很好，家长可以为宝宝挑选使用。大型医院的儿科一般也会为婴幼儿配制一些比较适合宝宝使用的护肤品，这些东西都应该在洗脸后脸上还保持一定湿度的时候用效果最好。另外，有些妈妈为了使宝宝的皮肤更白、更细腻，用牛奶或其他滋润的东西给宝宝洗脸，其实大可不必，对于宝宝来说，清水是最好的。

第四，温柔清洁宝宝的眼耳鼻。清洁宝宝的眼睛和耳朵时，取一条宝宝专用的四角方巾，轻轻地帮宝宝擦拭。为了避免交叉感染，爸爸妈妈必须记清楚分别使用四角方巾的哪一个角清洁宝宝的右眼和左眼，左耳和右耳，千万不要搞混。清洁宝宝的鼻子时，基本上只需要用方巾擦拭宝宝的鼻腔外侧就可以了。如果宝宝的外鼻孔道出现鼻屎，则可以用细棉棒在宝宝的鼻孔外侧稍微转一下，若担心宝宝感到疼痛，可以在棉棒上蘸一点儿水。

第五，大人帮助宝宝洗时动作要快，不要把水或肥皂沫弄到宝宝的眼睛、耳朵和口、鼻中。洗时，大人可一边与宝宝说话，一边让宝宝配合，如闭眼、闭嘴等。大人应事先把正确的洗脸方法告诉宝宝，并提醒他不要玩水。当宝宝一岁半以后，动作比较灵活了，除了要教他洗脸的中间部分，还应教他洗两颊、额头、下巴、耳朵和颈部。此外，大人还要注意，宝宝应单独使用一套毛巾、脸盆等用具。

## 二、科学地给宝宝洗屁股

给宝宝洗小屁股时要注意以下几点：

第一，关注宝宝的情绪。不愿洗屁股的宝宝往往是由于“洗”给过他不愉快的感觉，如水过冷或过热，大人洗的动作过粗、猛，使宝宝不舒服；有时大人一忙，强迫宝宝来洗，这种不快的感觉给宝宝留下坏印象，以致一听说要洗，宝宝就会哭或者跑开躲起来。为此，要使宝宝乐意洗，就要让宝宝在洗的过程中感到愉快。

第二，给男、女宝宝洗屁股各有要点。给男宝宝洗屁股要注意：细心清洗宝宝的大腿根部或外阴部的皮肤皱褶，清洗时由内往外的顺向擦洗。清洁睾丸下面时，应用手轻轻将睾丸托起再进行。而清洁阴茎时，则应顺着宝宝身体的方向擦拭，只需清洁阴茎本身，而不要用力去擦洗包皮。在清洁宝宝的肛门时，要确保洗干净，偏胖的宝宝要掰开屁股仔细擦洗。给女宝宝洗屁股要注意：清洁外阴要由前向后清洗，防止肛门内的细菌进入阴道。

第三，洗前，爸爸妈妈要先用肥皂洗干净手，再给宝宝洗屁股。家长要采用质地柔软的小毛巾或纱布给宝宝清洗，每次洗后要搓洗干净，并放在阳光下晾晒。洗屁股用的水温要适宜，一般在 36℃ ~ 37℃左右，大人先用手试一试，不能有烫手的感觉。每次洗完屁股后，家长要注意检查宝宝的尿道口、会阴部和肛门周围，如发现有发红、发炎等情况，要及时进行处理。宝宝要有专用的洗屁股盆。洗完屁股，家长要用清水将盆冲净，倒扣在盆架上，不要和其他盆摞在一起，避免污染。

### 三、科学地给宝宝洗脚

三岁以上的宝宝应学习自己洗脚。洗前，先卷好裤腿，把脚放到水里稍泡一会儿，用手擦肥皂搓洗脚面、脚跟和小腿，搓洗时特别要注意脚底和脚趾之间的污垢，然后用清水冲洗，再用毛巾擦干。宝宝的洗脚水最好是温水，容易去污活血。宝宝洗脚时不一定每次都用肥皂，隔两三天用一次就可以了。宝宝自己洗好脚用毛巾擦干后，妈妈可以轻轻帮宝宝按摩脚底，使其皮肤略微发红，这样能帮助宝宝消除疲劳，使宝宝很快舒服入睡。

# 谁说我不会洗手
## ——让宝宝勤洗手

强强从外面玩回来，总是用脏手喝水、抓水果，一让他洗手，强强就又哭又闹，每次都是在爸爸的威逼利诱下才勉强洗洗。其实强强是知道要讲卫生的，在其他方面都做得很好，就是特别抗拒洗手，爸爸妈妈都很纳闷儿。

有一天，表弟路路来家里玩，两个孩子一起玩水。只见强强用小手一会儿堵上水龙头，一会儿放开，水喷泻而出，溅得两个孩子满身都是水，还哈哈大笑。妈妈看见两个孩子浪费水，连忙制止："这样浪费水是不行的！"

"阿姨，反正我们现在手湿湿的，不如我们洗手吧，这样不就不浪费了吗？"路路真是个机灵鬼儿。强强听了这个建议直点头。

妈妈有些惊讶，怎么一向不愿意洗手的强强会那么轻易地答应呢？好像还巴不得似的。妈妈一边思考一边拿过肥皂盒，刚想替两个孩子洗手，路路说："阿姨，我自己来！妈妈已经教过我了！"

"可是强强还不会啊！"妈妈担心地说。

"那我来教他啊！"

路路马上接口道。

强强也说："谁说我不会洗手？我马上就跟路路学，不就会了吗？"

只见两个孩子把香皂握在手里抹了又抹，起了许多泡沫，香皂在他们手里上下滑动。看着小手上好多白泡沫，两人高兴地直嚷："妈妈（阿姨），我戴白手套了！"

妈妈也被逗得咯咯直笑。

路路走后，强强对妈妈说："妈妈，我以后还要这样洗手！"这时，妈妈突然有所领悟，也许不是孩子懒、不讲卫生，而是大人没有给孩子洗手的乐趣。后来，妈妈每次让强强洗手，强强都开开心心的。

## 寻根究底 ?

在日常生活中，最令爸妈开心的，是宝宝的活蹦乱跳；最让爸妈担惊受怕的，是宝宝生病。在家庭中，为什么有的小宝宝不是发烧、咳嗽，就是拉肚子呢？其中重要的一条，是家长忽视了宝宝小手的卫生。

据专家调查研究后发现，人们的一只手上大约黏附有四十多万个细菌，看上去较干净的手，50%的人含有十万个左右的细菌。细菌可分为固有性及暂时性两类，固有性细菌在皮肤上繁殖，但通常无害，只在宝宝抵抗力弱时才会致病。暂时性细菌则是经由接触附着在皮肤上，如果手上沾染了这类细菌，很可能在饮食时进入身体，引发疾病。不过，这类细菌虽然有害，但只要我们用清水和肥皂认真搓洗 15 ~ 30 秒，即可清除 90%以上，所以，用肥皂洗手是控制儿童患病的关键。

肥皂和搓手的机械运动提高了水溶解力，去除附着在手上的污垢和病原体的能力也得到加强。这种自然去除病原体的方式，不仅减少了病原体从感染者向非感染者的传播，也减少了手上的感染源向呼吸道的传播。

宝宝除睡眠时间外，两只小手一刻也不闲着，尤其是较大的宝宝看见什么都想摸一摸、拿一拿，有的宝宝还喜欢在地上玩沙土……宝宝的手很有可能从某些地方沾染上细菌，如果不洗手，细菌就能通过手与眼睛、鼻子和嘴的接触进入宝宝的身体。宝宝患感冒最常见的一种病因就是在双手感染感冒病毒后接触鼻子和眼睛。除了感冒，一些很严重的疾病，比如肝炎、脑膜炎、传染性腹泻，都能通过手来传播，而洗手可以大大降低患病的风险。

另外，绝大多数的宝宝喜欢津津有味地吸吮自己的手指，这可说是无师自通的天性使然。正因为宝宝爱吸吮手指，小手上沾染的细菌和病毒就会乘机从口而入，引发疾病。

还有一点值得一提，目前，洗手液越来越多地取代了肥皂的使用，在使用洗手液的时候，家长大多存在一些误区。很多家长生怕用洗手液洗不干净，所以按出大量洗手液在手上，洗的时候使劲揉搓，而且反复、频繁使用。事实上，这样的深度清洁会损伤皮肤，使皮肤不但留不住水分，还更容易让病菌侵入。

## 给您支招

洗手是我们每天要做的事情。许多人以为这是一件简单的事，都以为自己会洗手。事实上，很多人洗手的方法都不正确，特别是宝宝，常常用两三秒的时间将洗手任务完成了，结果只是将手冲湿而不是真正的洗手。那么，宝宝洗手要注意哪些方面呢？

## 一、这些时候必须洗手

第一，饭前。吃饭之前要洗手，这是一个重要的卫生习惯。俗话说：“饭前要洗手，病菌不入口。”如果吃食物前不洗手，拿起来就吃，手上的病菌就会随同食物一起被吃入腹内。若宝宝平时身体抵抗力强，病菌就会闹不起来。但当宝宝着凉或玩得过度疲劳时，身体的抵抗力降低了，体内潜伏着的病菌或新吃入的病菌就会活跃起来而使宝宝发病。因此，家长一定要做到饭前（或吃食物前）先给宝宝洗手，从小培养宝宝养成饭前洗手的好习惯。

第二，便后。便后洗手是预防疾病的重要措施之一，因为很多病菌是通过粪便传播的，尤其是肠道传染病，如痢疾、肠胃炎、肝炎，还有蛔虫、蛲虫病等。如果大便后不用肥皂洗手就去拿玩具，会把病菌转移到玩具上，再边玩边吃东西，或接着去吃饭，就容易传染上疾病，不但形成自身的反复感染，还会传染给其他人，可能使病情迅速蔓延。因此，宝宝大小便后一定要用肥皂将手洗干净。家长对年幼的宝宝尤其要严加督促，家长更要以身作则。

## 二、给宝宝讲清楚洗手的重要性

在日常生活当中我们看到，有的宝宝贪玩、性子急，常常忘记洗手，有的嫌洗手麻烦而不认真洗，或是把小手往水里蘸一下敷衍了事。家长要向宝宝讲清为什么要洗手，有条件的家长，最好让宝宝通过显微镜来观察手上的细菌，从而让宝宝留下比较深刻的印象。

## 三、教会宝宝正确的洗手方法

正确的洗手方法：打开水龙头后，先用流动的水冲洗手部，将手腕、手掌和手指充分浸湿，再用洗手液或婴儿香皂均匀涂抹，使手掌、手背、手指、指缝等处都沾满丰富的泡沫，接着反复搓揉双手及手腕部，整个搓揉时间不应少于 30 秒，同时要特别注意清除容易窝藏致病菌的指甲、指尖、指甲缝、指关节等部位的污垢。最后冲洗时应双手下垂，手指尖向下，利于手上的泡沫顺着流动的水沿手指冲下，直到冲刷干净为止。小手洗净后，一定要用个人的专用毛巾、手绢或一次性消毒纸巾擦干双手，并勤换洗毛巾。

## 四、走出给宝宝洗手的误区

在给宝宝洗手这一问题上，有相当多的家长自觉或不自觉地陷入了误区：

第一，没有养成给宝宝洗手的良好习惯。小宝宝不会洗手，大一点儿的宝宝不愿洗手。家长也是听之任之，还认为宝宝的手不脏，洗不洗没啥，造成宝宝养成不爱洗手的陋习。

第二，以擦代洗。有许多家长在给宝宝吃东西前，常是用毛巾、手绢、卫生纸随便擦拭一下小手了事。

第三，用盆水洗手。最多见的是用盆水或多人合用一盆水洗手，看似将宝宝的小手洗净了，其实盆里水中的病菌仍然污染了小手。

第四，洗手不科学。有的家长在给宝宝洗手前自己没洗净手；用流动水给宝宝洗手时，不用婴儿香皂或洗手液，只是冲洗一下；有的虽然也给宝宝抹了婴儿香皂或洗手液，却没搓几下就马上用水把小手上的泡沫冲掉了。凡此，皆不符合科学洗手的基本要求，达不到洗净手的目的。

# 冷，我不喜欢洗澡
## ——让宝宝乐于洗澡

可可最不爱洗澡了，每次洗澡她都要哭，可一出澡盆擦干身体以后就不哭了。妈妈特别奇怪，问可可："宝宝，为什么洗澡要哭啊？"

可可说："冷，不喜欢。"

妈妈心里很纳闷儿，水温刚好合适，不烫也不凉，怎么会冷呢？

晚上，妈妈对爸爸说："以后可可洗澡由你来负责吧，我给她洗她总是哭。今天我问她，她说是因为冷。可是水温我一直是控制好的啊，不可能会冷。可能是不喜欢我给她洗吧！都说女儿喜欢爸爸，你给她洗好了。"

爸爸被说得哭笑不得，安慰妻子道："不会的，你仔细想想，是不是让她冷着了？给她泼上水之后，裸露的皮肤有没有用毛巾给她盖上？"

"没有……"妈妈突然明白了，一定是在给可可洗澡的时候，让已经弄湿的皮肤暴露在冷空气里，所以可可才会一直说冷。

三天后，又是洗澡。可可不情愿地把衣服脱掉，眼睛红红的又准备哭了。妈妈这下有准备了，在热的洗澡水里泡上一条毛巾，在没给可可冲洗的地方就用毛巾盖着。这样做可可觉得很舒服，破天荒第一次没有哭。

妈妈给可可擦干的时候，说："这下不冷了吧！"

可可一边点头一边说："对！"

以前，妈妈总是用毛巾擦一下就给可可穿上衣服，这一次为了让可可觉得不冷，妈妈还特意准备了吹风机，微微的、暖暖的风让可可特别舒适。几分钟后，可可差一点儿睡着了！

把可可抱出浴室后，可可对妈妈说："我以后每天都要洗完澡再睡觉！"

妈妈乐了。

## 寻根究底 ?

宝宝洗澡的好处很多。

第一，洗澡可以清洁宝宝的皮肤。宝宝的皮肤十分娇嫩，代谢旺盛，皮肤的皱褶处如颈部、腋下、腹股沟处（大腿根部）有许多污垢。每天排出的汗液、尿液与奶渍等会刺激宝宝的皮肤，如果不注意皮肤清洁，容易形成溃烂甚至感染。洗澡可以洗掉宝宝皮肤上的污垢、缝隙里的堵塞物，有利于宝宝皮肤呼吸功能的发挥。

第二，洗澡可以促进宝宝的新陈代谢。洗澡可以对宝宝的皮肤产生良性刺激，促进全身血液循环，使皮肤的各个部分获得更多的营养，从而有利于新陈代谢。

第三，洗澡有利于宝宝的体温调节。水的热传导能力比空气高 30 倍，宝宝皮肤与水的全面接触，可改善皮肤的触觉能力和对温度、压力的感知能力，对提高宝宝的环境适应能力很有益处。

第四，洗澡可以帮助宝宝改善睡眠。适度的浴水对皮肤神经有安抚镇定的作用，有助于止痒、止痛和缓解其他不适，从而舒筋活血，改善宝宝的睡眠。

第五，洗澡可以促进宝宝的生长发育。洗澡可以刺激宝宝脑神经发育；增加宝宝肺活量，促进其胸廓的发育；还能增加宝宝胃肠蠕动，帮助食物吸收；加强宝宝骨骼系统的灵活性和柔韧性，提高机体免疫力。

## 给您支招

洗澡对我们大人来说，似乎是件极平常的事，甚至可能是一天中最令人愉快的享受。可是对宝宝而言，洗澡似乎并不那么受欢迎。很多宝宝总是嚷嚷着不要洗。家长想过没有，是不是因为你过于紧张、手势太猛，弄疼过宝宝？是不是洗澡的时候，家长不小心让水跑到了宝宝的耳朵、眼睛、鼻子里去过？

给宝宝洗澡的时候，要注意以下几个方面：

### 一、准备工作要齐全

宝宝洗澡前，家长要把所有必要的洗澡用品拿齐；盆中放入深度合适的水，水温约37℃左右，温暖但不烫；带宝宝到浴室并脱下他的衣服——在外面脱衣服会感觉冷，而浴室里有水蒸气，相对而言温暖一些。

### 二、动作要轻缓

在洗澡过程中，对宝宝腋下、颈下、腹股沟等皱褶处不要擦洗太重。舀水轻轻地把宝宝身上的香皂沫冲掉，然后让宝宝轻松地在水里面玩耍，最后轻柔地把宝宝全身擦干。擦干时要用软布，因为宝宝的皮肤嫩，容易擦伤，特别是不要忽视宝宝的脖子、腋窝、肘窝、大腿根、脚趾缝、手指缝及宝宝的臀部。

### 三、让宝宝乐于洗澡的小窍门

第一，准备一些造型可爱、特别的香皂。在水里有可爱的香皂相伴，滑溜溜的香皂在身上滑来滑去，一定会制造出很多乐趣。

第二，准备些洗澡玩具。可在洗澡时玩的玩具非常多，尽量选些颜色造型都非常有趣、可喷水、可发声的。这样丰富的装备，简直就是在水里建起了一座乐园，宝宝自然会很受吸引。

第三，亲子浴。再多的玩具也比不上与宝宝一起浸在浴缸里泡澡。和宝宝一起泡在水里说故事、唱歌、打水仗、聊天，也可以什么也不做，就是泡澡。既可以减轻为宝宝洗澡带来的腰酸背疼，也成了亲子间最亲密的美好时光。

### 四、宝宝洗澡时要防止以下事情发生

第一，防烫伤。宝宝的皮肤娇嫩，一旦烫伤会很严重。洗澡时水温最高不能高于 41℃，并注意远离热源，如热水管、热水龙头、热水器及电暖气等。

第二，防溺水。任何情况下都不能把宝宝单独留在浴盆中，一秒钟都不可以，家长的眼睛不能离开宝宝。即使有人叫门或来电话等都不要理睬。

第三，防触电。宝宝要远离电源。浴室内的电器、插销、插座不能漏电，电线不要过于陈旧而漏铜丝，否则很容易引起触电。

第四，防着凉感冒。浴室温度、水的温度一定要符合要求，妈妈的动作要既轻柔又准确、迅速。浴后护理时要注意给宝宝保暖，防止宝宝着凉感冒。

## 五、有些时候不能给宝宝洗澡

第一，宝宝打不起精神，不想吃东西甚至拒绝进食，有时还表现出伤心、爱哭，这可能是宝宝生病的先兆或者是已经生病了。这种情况下给宝宝洗澡势必会导致宝宝发烧或加剧病情。

第二，发烧经过治疗退烧后不到两昼夜，即 48 小时以内，宝宝是不适合洗澡的。这时洗澡有可能会使皮肤的毛孔关闭导致体温更高，有时又会使全身皮肤毛细血管扩张充血，致使宝宝身体的主要脏器供血不足。另外，发热后宝宝的抵抗力极差，马上洗澡很容易遭受风寒引起再次发热，故主张热退 48 小时后才给宝宝洗澡。

第三，若遇宝宝发生烧伤、烫伤、外伤，或有脓疱疮、荨麻疹、水痘、麻疹等，也不宜洗澡。这是因为宝宝身体的局部已经有不同程度的破损、炎症和水肿，洗澡会进一步损伤引起感染。

第四，打预防针后暂时不要洗澡。宝宝打过预防针后，皮肤上会暂时留有肉眼难见的针孔，这时洗澡容易使针孔受到污染。

第五，吃饭后不应马上洗澡。吃饭后马上洗澡，会使较多的血液流向被热水刺激后扩张的表皮血管，而腹腔血液供应相对减少，这样会影响宝宝的消化功能。其次，由于饭后宝宝的胃呈扩张状态，马上洗澡也容易引起呕吐。所以洗澡通常应在饭后一两个小时进行为宜。

# 不要，我就是不要剪头发
## ——让宝宝主动配合剪头发

已经两个多月没理发的果果，头发长得很长，不是妈妈没有时间，而是果果十分抵触理发这件事情，所以一直拖到了二月二。今天妈妈下定了决心，不管果果怎么哭闹，都要让他在“龙抬头”这天把发理了。

下午，妈妈对果果说：“今天我们去理发！”

果果反射性地跳出好远，说：“不！”

“为什么不？理发又不疼！如果你怕痒痒(碎发掉进脖子里，果果会痒痒)，等你理完发以后妈妈就帮你洗澡！”妈妈耐心劝道。

“不要！我就是不剪头发！”果果很固执。

“今天你肯定得去理！如果你肯主动去理，妈妈奖励你一个玩具；如果你不肯去理，妈妈不光不奖励，还要把你的玩具没收三天！”妈妈使出了杀手锏。

果果低着头，知道今天是躲不过这一劫了，便说：“好吧，要快一点儿，回来我就要洗澡！”

来到了理发店，果果还是害怕，怎么也不肯坐到理发的椅子上。一开始，妈妈还声色俱厉地教育他要勇敢，后来果果索性放声大哭起来，妈妈没办法，只得把果果带出理发店，免得影响其他客人理发。

这时，一个理完发出来的中年女子对妈妈说：“你带他去下一条街的‘小金猪’理发店去理发吧，可能孩子就不会那么哭闹了。那里全是孩子，是专门的儿童理发店。”

妈妈听后，觉得可以一试。

给果果买了一个冰激凌，稍作安慰之后，母子俩就来到了“小金猪”理发店。刚推开门，里面的滑滑梯、蹦蹦床、电动小汽车、儿童坦克车、儿童篮球场……就让果果兴奋不已。

妈妈低头问：“果果，在这里理发好不好？”

果果连连点头。

这里的理发师都是卡通打扮，穿着卡通人物的服饰。给果果理发的师傅穿着多啦A梦的衣服，把果果抱上坦克造型的椅子上，让他“开坦克”，理发师则拿出一个卡通造型的推子，对着苹果形状的镜子，给果果理发。

果果在玩乐中轻松地理完了发，下了椅子又到旁边的小游乐场玩了一会儿滑滑梯。

“以后不仅理发不用愁了，玩的地方也有了！”一直为果果理发发愁的妈妈自言自语道。

## 寻根究底 ?

经常可以看到在理发店里号啕大哭的宝宝，对宝宝来说，理发简直就是人生的第一大挑战。那么，宝宝为什么怕理发呢？

宝宝的肌肤正在生长发育，表皮极为细嫩，神经末梢极为敏感，对于稍微高一些的温度、硬一些的纤维、刺痛一些的接触感都十分强烈，比如对于大人来说毛茸茸的毛衣，小孩子就感觉很扎、不舒服。因此当细小的头发茬儿落在宝宝皮肤上的时候，那种感觉极为难受，所以故事中的果果会要求“快一点儿理发，回家后马上洗澡”。

另外，理发的推子剪断头发的时候，稍微有一点点不锋利，扯到头发，就会极为疼痛。如果用的是电推子，对于大人来说震震麻麻的感觉也许没什么，但是宝宝可不是这样想的，他会觉得这个东西在“吃”他的脑袋！尽管镜子里可以看到是电推子，但宝宝还是难以克服恐惧情绪。所以，除非宝宝忍耐力极强或者宝宝极为老实，再或者宝宝当时已经恐惧到动弹不得，否则是绝不会老老实实理发的。

## 给您支招

宝宝这么怕理发，可是头发长了又不能不理啊！看看下面的几个小招数，也许有一招适合你的宝宝，让他能主动配合理发。

### 一、让宝宝提前感受理发

让宝宝消除理发的恐惧，家长可以尝试让宝宝提前感受一下理发的感觉，比如让宝宝摸摸电动理发刀，让他感到这玩意儿并不可怕，并拎起宝宝的几根头发试着剃一下，问问宝宝疼不疼，让宝宝把感觉说出来。给宝宝做好心理建设之后，再开始给宝宝理发会有比较好的效果。

### 二、用游戏形式来诠释理发过程

带宝宝去理发，可以用游戏的语言来诠释理发的过程。比如：“宝宝乖乖坐好，理发师叔叔的小汽车开过来了，上坡了，转弯了……”很多宝宝会觉得挺好玩儿。大人还要告诉宝宝：“小汽车开过的时候，马路是不能动的，不然小汽车会翻车的！”这样就能让宝宝保持基本不动的姿势，为理发师提供方便，理发的速度自然也就快了。用这样的游戏语言，基本上能使宝宝主动配合理发师理发。

### 三、转移宝宝的注意力

故事中的果果之所以后来能安安静静地理发，是因为在为他理发的时候，他在“开坦克”。一般的理发店虽然没有专门给儿童设置的玩具，但是都会有电视。家长可以给宝宝选择他们爱看的动画片，转移他们的注意力，就可以在玩乐中顺利地理完发。

另外，家长可以有意识地选择一下理发店，看一看附近有没有专门为儿童理发的地方。如果有故事中那么合适的理发店，一方面，人员和技术更专业，另一方面，宝宝也会很喜欢，大人会省去很多麻烦。

### 四、把理发师请进家门

宝宝怕理发，也可能是因为环境的陌生。所以，如果条件允许，家长可以把理发师请进家门。在为宝宝理发的时候，对他进行表扬、夸奖，说他长大了，懂事了，勇敢了。在宝宝接受理发师在家里为他服务之后，再慢慢地鼓励宝宝外出理发。

### 五、不要小看榜样的力量

家长可以让宝宝和一些剪头发不会哭闹的孩子一起去理发，宝宝看到自己的同龄人一点儿都不害怕，基于面子问题，也不太会大哭大闹。除了现实生活中的榜样，家长也可以给宝宝读一读故事，看一看动画片，教育宝宝理发时要勇敢。比如天线宝宝里面有一个剪头发的故事，家长可以有意识地在理发前给宝宝看一看，给孩子做榜样，也会对宝宝顺利理发起到很大作用。

### 六、陪宝宝一起剪

家长可以有意识地和宝宝一起剪头发。一起的意思不是说让宝宝坐在你的身上陪他剪头发，而是你也去剪头发。家长可以对宝宝说："今天妈妈也要剪头发，我们俩一起剪好不好？"很多宝宝会十分开心，因为他们有了并肩作战的人，会大大压制住原先孤军作战的恐惧感。

# 小姨怎么留那么长的指甲
## ——让宝宝勤剪指甲

蕾蕾是个漂亮的小姑娘，自从有一次见过小姨之后，蕾蕾就不愿意剪指甲了。

事情是这样的。那天，留学回国的小姨去蕾蕾家做客。小姨特别爱美甲，她的指甲做得十分漂亮！蓝色的底色上面还有钻，在阳光下忽闪忽闪的。连蕾蕾的妈妈都忍不住赞叹道："好漂亮的指甲！"

蕾蕾的眼神一直盯着小姨的指甲，爱美的小女孩也许是因为好奇，也许是也想拥有这么漂亮的指甲。吃完晚饭后，蕾蕾就一直缠着小姨，还时不时地摸一摸小姨的指甲。小姨看蕾蕾对自己的指甲这么感兴趣，就拿出随身带着的指甲油，把蕾蕾抱到身上，开始给她做美甲，一边做还一边说："蕾蕾还太小，指甲不长，以后指甲长了，涂起来就更漂亮了！"

小姨走后，蕾蕾就开始拒绝妈妈给自己剪指甲。可是眼看着蕾蕾的指甲里脏东西越来越多，妈妈开始着急了！

有一天，在蕾蕾再次拒绝剪指甲之后，妈妈对蕾蕾说：“蕾蕾乖，要养成勤剪指甲的好习惯。你将来去了幼儿园，老师会特别喜欢你的！”

蕾蕾歪着脑袋，问：“那小姨怎么能留那么长的指甲？”

妈妈说：“小姨是大人，大人才能留指甲。小朋友是不能留的。”

蕾蕾一时语塞，知道自己不占理儿，但仍然不肯轻易放弃，握紧拳头不让妈妈剪指甲。

剪指甲这种事，如果宝宝不配合，妈妈是不可能完成的。妈妈无奈，只好先按兵不动。待蕾蕾晚上睡着之后，妈妈蹑手蹑脚地开始给她剪指甲。

第二天早晨，蕾蕾一起床就大哭起来：“指甲没了，指甲没了……”妈妈趁势对蕾蕾说：“昨天月亮婆婆在梦里对妈妈说，蕾蕾剪了指甲更漂亮！月亮婆婆说她要亲自帮你剪，以后等你长大了，还要邀请漂亮的蕾蕾去月宫做客呢！”

蕾蕾将信将疑地问：“真的吗？”

妈妈用力地点点头：“当然了！你快去照照镜子，看看自己是不是剪了指甲以后更漂亮了！”

蕾蕾高兴地照镜子去了。妈妈轻轻地舒了一口气。

## 寻根究底

宝宝的指甲以平均每星期 0.7 毫米左右的速度生长，而他们的手指头本来就比较短，所以按照这样的生长速度，指甲很快就会超过指尖。有些妈妈没有及时给宝宝剪指甲，宝宝的指甲留得很长，由于活泼好动，宝宝常常会用指甲去搔痒或掏耳朵，这是一种极不卫生的习惯。因为指甲里面的细菌很多，搔痒时往往会使皮肤破损，露出血痕，细菌就会乘虚而入，在破损的部位造成感染。至于用指甲去挖耳朵，更容易使外耳道发炎，引起其他疾病。因此，宝宝的指甲应剪短，并应修磨平整，以防指甲的断痕及毛刺刮伤皮肤。

另外，由于宝宝的指甲一般又薄又软，长指甲就很容易在活动中被翻起并折断、劈裂，严重的还可能会引起手指尖出血，伤到手指皮肤，所以给宝宝勤剪指甲非常必要。

## 给您支招

爸爸妈妈都不希望看见宝宝粉粉嫩嫩的指甲里面镶着一条粗粗的乌金边，给宝宝勤剪指甲是对宝宝身体健康负责任。

### 一、选择适合的工具

指甲钳：对于新妈妈来说，指甲钳是个不错的选择。这种指甲钳专门针对宝宝的小指甲而设计，安全实用，而且修剪后有自然弧度。

指甲剪：对已经能灵活使用指甲钳的妈妈，建议选用专门的指甲剪。这些指甲剪灵活度高，刀面锋利，可一次顺利修剪成型。顶部是钝头设计，即使宝宝突然有小动作，也不用担心会被戳伤。

## 二、找到合适的时机

0～1岁：建议在宝宝熟睡时进行修剪。因为熟睡中的宝宝对外界敏感度大大降低，妈妈就可以放心进行修剪工作了。

1～2岁：熟睡后当然还是一个好时机，但这个阶段的宝宝睡眠时间逐渐减少，妈妈也可以尝试在宝宝吃东西或做安静游戏时进行修剪。

2～3岁：这个阶段的宝宝已经能够领会大人的意图了。妈妈不妨明确告诉宝宝剪指甲的目的，并要求他配合，在剪完后给予鼓励和表扬。当然也要注意：尽量不要在宝宝情绪不佳时强行剪指甲，以免宝宝对剪指甲产生反感或抵触情绪。

## 三、使用正确的姿势

姿势一：让宝宝平躺在床上，妈妈支靠在床边（用胳膊固定，保证手部稳固），握住宝宝靠近这边的小手，要求最好能同方向、同角度（这样不容易剪得过深而伤到宝宝）。

姿势二：妈妈坐着，把宝宝抱在怀里，让宝宝背靠妈妈，然后也是同方向地握住宝宝的一只小手。

姿势三：分开宝宝的五指，重点捏住其中一个指头剪，剪好一个换一个。最好不要同时把住宝宝的四个手指，以免宝宝突然手指一起动起来，剪刀误伤其他指甲。

## 四、注意修剪的细节

宝宝的指甲长得特别快，所以间隔一周左右就要剪一次；剪时，先剪中间再修两头，因为这样会比较容易掌握修剪的长度，避免把边角剪得过深；及时发现并处理宝宝指甲边出现的肉刺，千万不能直接用手拔除，以免拉扯过多，伤及周围的皮肤组织，应仔细用剪刀将肉刺齐根剪断；对于一些藏在指甲里的污垢，最好在修剪后用清洗的方式来清理，不宜使用坚硬物来挑；指甲两侧的角不能剪得太深，否则长出来的指甲容易嵌入软组织内，成为“嵌甲”。嵌甲会损伤指甲周围的皮肤，造成皮下组织的化脓性感染，引发甲沟炎或其他炎症。

### 五、学会应急止血

如果家长不小心剪伤了宝宝的手指，也不用过于责怪自己，因为这种事也会发生在其他父母身上。你只需用纸巾将宝宝的手指包住，然后轻轻一压，通常在几分钟后就会止血。家长千万不要用绷带来给宝宝包扎伤口，因为要是绷带滑落的话，宝宝很容易放进口中引起危险。如果需要的话，可以给宝宝用液体绷带，这种绷带无毒并且干得快，当伤口痊愈时死皮就会自动脱落。

# 穿衣服睡觉不舒服
## ——让宝宝习惯穿睡衣睡觉

娜娜妈妈是个裁缝，家里各种各样的布很多。随着娜娜逐渐长大，妈妈觉得应该给一向喜欢裸睡的娜娜做一件专门的睡衣了，于是挑了一块素雅、柔软的布，动手做了起来。

晚上，娜娜准备睡觉时，妈妈拿出了漂亮的睡衣。娜娜看见这淡粉色的睡衣很喜欢，还没等妈妈说让她穿睡衣睡觉，她就主动把睡衣套在了身上，问妈妈：“这衣服就是专门睡觉穿的，对吗？”妈妈微笑着点点头。

可是这个晚上，娜娜睡得特别不踏实，一直翻来覆去的。

第二天早上，妈妈问娜娜，昨天是不是做噩梦了。娜娜说：“没有做梦，就是穿衣服睡觉不舒服，睡不着。”

不舒服？妈妈在心里嘀咕开了。做睡衣的棉布是自己精心挑选的，很柔软；在给娜娜穿之前也洗过两遍了，不会有残留的浆水刺激皮肤；而且睡衣也很合娜娜的身材，不大不小正合适……到底是为

什么呢?

到了晚上，妈妈再次拿出睡衣，可看到娜娜抗拒的眼神，妈妈便没有强迫她穿。

可是女孩子睡觉总不能不穿衣服啊，那多不雅观。可到底是为什么呢?

一天，妈妈在裁缝店里做衣服，隔壁的王阿姨拿了一块淡蓝色的布走进来，对妈妈说："我要给儿子做一套睡衣。"

妈妈接过布，看了一下大小，说："布多了一点儿，做一套睡衣有富余，要不要把多下来的布做点儿别的?"

王阿姨说："不用，不用，你把睡衣做大一点儿。我们家那小子好动，做正合适了他睡觉不舒服。"

王阿姨的话让妈妈茅塞顿开，说不定娜娜觉得穿睡衣不舒服也是这个原因呢!

妈妈马上动手给娜娜做了一套新睡衣，当然，做得比上一套要大一些。到了晚上，妈妈对娜娜说："娜娜乖，再穿一次睡衣睡觉试试。如果还不舒服睡不着，妈妈再改改。"一向听话的娜娜乖乖地穿上睡衣睡觉去了。这天晚上，娜娜睡得很好。妈妈很开心，终于可以让女儿穿着舒适的睡衣睡觉了。

## 寻根究底 ?

随着宝宝的逐渐长大，爸爸妈妈应该有意识地让宝宝习惯穿睡衣睡觉。

第一，穿睡衣能促进宝宝大脑和运动机能发育。如果给宝宝按节令变化穿上适宜的睡衣，宝宝会舒适自由地躺在床上，小手小腿任意乱踢乱蹬，这些主动自由的伸展动作，既能增强肌肉和骨骼的发育，又可因加深呼吸而促进血液

循环及新陈代谢，还可由于神经肌肉反射的活动而促进大脑运动机能发育。

第二，睡前睡后换衣服能培养宝宝生活上自我调节的能力。穿脱睡衣对于帮助宝宝区分白天黑夜起到非常重要的作用，是对宝宝自觉地调节生活节奏的训练。

第三，降低宝宝感冒的几率。宝宝在睡眠时，毛孔开放，易受风寒，柔软的贴身睡衣不仅可以吸汗，还能让空气滞留在皮肤周围，防止体热散发，起到较好的保暖作用，给宝宝温暖的呵护。宝宝在睡觉时，经常会踢开被子，如果身上穿着睡衣，既能保持体温，又不会让肚子受凉。

## 给您支招

父母在为宝宝挑选睡衣时，要注意以下几点：

### 一、给宝宝选择宽松的睡衣

宝宝即使在睡觉时也会经常活动身体的各个部位，家长在给他们选择睡衣时，应该选择活动自如的宽松款式。睡衣的背幅和前幅，应有充足的阔度，绝不能过小或刚刚正好。因为紧束着胸部、腹部和背部等部位睡觉时，宝宝会很不舒服。宝宝若经常穿紧身衣服或不合体的衣服睡觉，会影响血液循环，不利于休息，身体易产生疲劳，在一定程度上还会影响身体发育。

## 二、全棉、淡雅的睡衣是首选

比较理想的睡衣是吸汗性能较好的纯棉针织睡衣，因为这种睡衣既轻薄柔软，又有一定的弹性。棉料吸湿性强，可以很好地吸收宝宝皮肤上的汗液，透气性好，可以减少对宝宝皮肤的刺激。

另外，宝宝的睡衣最好选择淡雅柔和的色彩，既适合家庭穿着又有安目宁神的作用，鲜红和艳蓝等艳丽的睡衣会影响宝宝心情的松弛，从而影响休息。可以选择如粉红、粉绿、粉黄和米黄色等。

## 我就喜欢这件，不换
## ——让宝宝懂得勤换衣物

今年过年的时候，童童的阿姨送了一件漂亮的红棉袄给她。童童特别喜欢，从拿到的那一天起，每天都穿那件棉袄。

一天两天也就算了，可是很多天过去了，妈妈让童童把红棉袄脱下来洗一洗，可童童就是不肯，说："我就喜欢这件，不要换。"

妈妈指着红棉袄上的几块污渍说："你看，这是你喝果汁留下的，这是你啃鸡腿留下的，这是你玩泥巴留下的……这么脏了，应该好好儿洗一洗！"

童童仔细看了看衣服，确实脏了，就说："好吧，你给我洗洗。可是晚上洗好不好，我明天还想穿！"

妈妈为难地对童童说：“一晚上可干不了。童童乖，妈妈现在就洗，早洗一会儿，你就能早穿一会儿。”

童童无奈地答应了。

第二天，有小朋友叫童童出去玩。童童说：“我今天不出去，得等棉袄干了！”在一旁忙家务的妈妈听了，说：“童童，还有很多棉袄呢，你穿一件出去玩吧！”说着就打开衣柜拿了件黄色的羽绒服出来。童童接过衣服，看了看，扔到了沙发上，说：“这衣服不好看！”

妈妈很奇怪：“不好看？哪儿不好看？你以前不是也穿过吗？”

“就是不好看，就是不好看，我不穿！”童童突然发起脾气来。

妈妈不说话了，不知道该拿宝贝女儿怎么办。不一会儿，爸爸回来了，妈妈倒苦水似的把事情对爸爸说了。爸爸意味深长地说了一句：“我们的小丫头知道爱漂亮啦！看我的！”

说着，爸爸打开抽屉，拿出了一叠相册，对童童说：“闺女，我们看照片吧！”

童童高兴地蹲在爸爸身边。爸爸一边翻着相册一边说：“瞧，我们闺女照得多漂亮！尤其穿上了这件绿色棉袄，别提多俊了！这张也不错……”

看完相册后，又有一个小朋友来叫童童出去玩。童童从衣柜里找出了照片中的那件绿棉袄，穿好后高高兴兴地出去了。

## 寻根究底 ?

衣服起对外防止灰尘、细菌侵入身体，对内吸附身体的排出物、废水、废气的作用，是一道隔绝体内外的屏障。由于宝宝的新陈代谢旺盛，身体分泌物多，因此衣物特别容易繁殖细菌，变酸发臭。一件穿一天的衣服上面可以沾染几十万个细菌，还有灰尘和一些其他有害物质，因此衣服一定要勤洗勤换，保持干净。

## 给您支招

面对不爱换衣服的宝宝，家长应该怎么办呢？

一、弄清宝宝不乐意换衣服的原因

想要让宝宝配合家长换衣服，家长就一定要先弄明白宝宝不乐意换衣服的原因。故事中的童童认为衣服不漂亮，所以童童爸爸就对症下药，夸童童的衣服漂亮，结果童童就穿了另一件绿色棉袄高高兴兴出门了。由此可见，对症下药是最有效的方式。切记，孩子不想换衣服，家长强行管制是不可以的，要多关心孩子，多与孩子交流，以满足孩子的情感需求和心理需求。

二、“转移”也是不错的妙招

当宝宝不愿意换衣服的时候，可以试试“转移”这个方法，比如家长可以说“另外的那件衣服洗一洗、熨烫后的效果会像你喜欢的那件一样好……”“我儿子穿什么鞋子都显得很精神”等，让宝宝把对某一件衣服的喜爱之情转移到别的衣服上去。

三、正确对待孩子的“否定阶段”

在宝宝一岁到两岁半的时候，一般就进入了否定的年龄段。在这个年龄段，宝宝更多地了解世界，并对其周围世界比过去又有了一个不同的看法。同时，宝宝知道自己是单独存在的人，与别人不是一体，有自己的性格和感情，能走，能说，能够独自处理范围以内的事情。如，以往家长说，“宝宝，现在洗澡好吗……”以前高兴答应的宝宝，这时可能回答“不”，因为他们对事情有了自己的看法。父母应采取新办法与宝宝相处，好好儿看管宝宝，及时稳定宝宝的情绪，视其特点予以满足各种要求，让宝宝健康快乐地成长。

# 对不起，我又尿裤子了
## ——让宝宝有良好的排泄习惯

巧巧两岁半了，白天大小便自理得很好，但是到了晚上睡着以后就难以控制了。如果妈妈半夜不叫她小便，她几乎每天都会尿床。

有一天晚上，巧巧可能是因为白天喝了太多的水，连尿了四次。妈妈没办法，就给她换了四身衣服。由于频繁地换衣服，巧巧被弄醒了。她知道自己又尿床了，对妈妈抱歉地说："对不起，我又尿裤子了！"

妈妈怎么忍心责怪巧巧呢，就耐心地说："没关系的，小朋友都会尿床的。告诉妈妈，你知道自己半夜尿床吗？"

巧巧说："不知道。觉得被子湿了难受时才知道尿床了。"

妈妈叹了口气，说："嗯，没事的，睡吧！"

第二天，妈妈有意识地让巧巧少喝水，希望巧巧晚上不要尿床。可是巧巧半夜仍然……

怎么办呢？妈妈向一些带过孩子的朋友请教。

有的人说："我们家宝宝很早就不尿床了，有了尿会尿到痰盂里。你的宝宝怎么这么大了还尿床呢？"

又有的人说："没关系的，尿就尿呗，等大了，自然就不尿了，顺其自然比较好！"

妈妈不知道听谁的好，于是又问了一下婆婆。可是婆婆听了妈妈的问题后，不屑地说："尿床有什么？他爸爸小时候尿床到七岁呢，大了自然就好了！"

妈妈心里犯起了嘀咕："难道尿床也会遗传吗？"

## 寻根究底 ?

通常宝宝在一岁或一岁半时，就开始能在夜间控制排尿了，尿床现象会大大减少。但有些宝宝到了两岁甚至两岁半后，还只能在白天控制排尿，晚上仍常常尿床，就像故事中的巧巧一样。这时，妈妈们不要着急，因为这种现象仍然是正常的，原因有以下几个：

第一，神经系统发育还不完善。随着神经系统发育的不断完善，宝宝的膀胱对排尿的控制会自然形成，不需要特别的指导和训练。大多数宝宝三岁后夜间不再遗尿。遗尿症是指五岁以后每周至少有一次遗尿者（并不包含偶然一次的尿床），这种情况就应该到医院就诊了。

第二，遗传因素。父母中有一人有遗尿史者，宝宝发生遗传性遗尿的几率为 44%，若父母皆有遗尿史，则遗传几率为 75%，这种情况大多发生在男孩身上。

第三，精神因素。受尿床困扰的宝宝大致可以分为两类：一类称为原发性尿床，也就是说他们从出生之后就一直在尿床；另一类称为继发性尿床，这部分宝宝在完成小便训练三～六个月之后，再度出现尿床的问题，多是因为精神压力过大和家庭突发事件所诱发。宝宝白天玩耍过于疲劳；兴奋过度，受到强烈的精神刺激如惊吓、心情焦虑、紧张不安；晚上睡觉前听了恐怖的故事；偶尔一次尿床后受到父母呵斥甚至体罚等都是引起宝宝尿床的精神因素。

第四，宝宝睡眠过沉。一般来说，尿床的宝宝晚上都睡得很深，不易被叫醒，甚至尿了床都不知道。当膀胱中有尿时，尿意在睡眠中不能及时传达给大脑，而大脑也不能及时发出醒来的命令，因此有的宝宝夜间尿床前常常做梦找厕所。环境因素包括突然换新环境，气候变化如寒冷等。此外，宝宝入睡前饮水过多，吃了西瓜等含水量多又有利尿作用的水果等都会造成宝宝尿床。

有些宝宝三四岁时还不能控制大便，其中大部分是男孩，而且几乎都有蓄便的习惯。之所以会出现大便失禁，是因为这些宝宝没有养成每天大便的良好习惯，导致粪便长久停留在大肠内，致使乙状肠和直肠经常无法排空，肠子的肌肉由于一直被拉长而缺乏弹性，进而失去收缩力和排便的感觉。一旦宝宝的排便感觉消失了，就很容易发生大便失禁。其实，蓄便和大便失禁都是宝宝的生长发育出现偏差所致，一旦宝宝出现此类状况，父母一定要给予积极正确的心理辅导、行为矫正和药物治疗，并注意改善宝宝的饮食习惯，切不可嘲笑或处罚宝宝，那样会让宝宝的心理负担加重，更加不利于问题的解决。

## 给您支招

为什么要培养宝宝良好的排泄习惯？因为良好的排泄习惯能够使宝宝体内的新陈代谢正常，维护宝宝身体的健康；使宝宝学习自我控制、独立自主的能力；令宝宝保持个人与环境的整洁、卫生。那么，家长应该如何培养宝宝良好的排泄习惯呢?

## 一、培养从何时开始最合适

排泄习惯是一种自主性的生理机能，经由条件反射及中枢神经的成熟而置于意志的控制之下。一般来说，六个月大的婴儿就可以逐渐培养固定的排便时间，一岁多的宝宝可定时坐小马桶，成为习惯后，宝宝到时就会解大便了。

## 二、教给宝宝身体的知识

告诉宝宝身体都有哪些部位以及它们各自的功能，包括人体的排泄部位，一定要让宝宝明白大小便是从哪里排出来的。用把宝宝的身体各部位一一指给他看并告诉他怎样称呼这些部位的办法，让宝宝了解自己的身体。

## 三、及时鼓励宝宝

家长要用鼓励的方式培养起宝宝的自信心，让宝宝感觉到一定能克服不能自主排泄这个难题。爸爸妈妈可以采用在日历上做记录的办法，如果今天没有尿床，就在今天的日历上画上一面小红旗作为奖励。即便宝宝出现了尿床、大便在裤裆里的情形，家长也只要将床铺、衣物收拾好就可以了，切忌不要取笑、斥责和处罚宝宝，那样会加重宝宝的心理压力，只会让宝宝的尿床现象发生得更加频繁。

## 四、不要期望值太高

在训练期间，宝宝出现任何进步、停滞、退步、混乱的情形都是正常的，家长应考虑到宝宝还小，排泄器官尚未完全成熟，无法完美配合，千万不要期望太高，也不要担心或失望。因为每个宝宝都有自己的发展步调，个别差异很大，家长宜以平常心让宝宝自然地养成习惯。

## 五、不要给宝宝穿得太复杂

训练宝宝大小便的一个重要事项就是：家长千万不要给宝宝穿太复杂的衣裤，这样会让宝宝难脱难解。宝宝通常会憋到再也不能憋的时候才告诉妈妈，本来就比较紧张，很难控制自己，如果再加上裤子怎么解也解不开等不必要的挫折，那么，尿裤子肯定是经常发生的事情了。所以，许多妈妈喜欢将小宝宝打扮得漂漂亮亮，但对正在学习脱裤子上厕所的宝宝来说，还是不要穿得太复杂。

## 六、训练宝宝排泄习惯的误区

第一，夏天是开始排泄训练的最佳时期。很多老人都说，夏天由于气候温暖，比较适合对宝宝进行排泄训练。有些家庭在宝宝即使已经到了身心非常适合进行训练的程度，也会因为这个原因，将训练开始时期延后。其实，宝宝进行排泄训练的时间与季节无关。随着现代生活水平的提高，即使在冬季，家里也是非常温暖的。另外，爸妈也没有必要担心宝宝会由于在夏天尿量变多而放弃排泄训练。在宝宝没有准备好的时候开展排泄训练，对于宝宝身体和心理发展都不利，同样，在宝宝身心都准备好的情况下，不进行排泄训练也是不对的。

第二，排泄训练是宝宝和妈妈两个人的事情。很多家庭会认为，宝宝的排泄训练只是宝宝或者妈妈的事情。其实，宝宝的排泄训练是全家人的大事。如果仅仅让妈妈一个人进行排泄训练，遇到困难，妈妈会产生焦急情绪，从而影响宝宝的行为发展。爷爷奶奶或姥姥姥爷作为具备丰富育儿经验的过来人，对于宝宝的排泄训练也要多加关心。但长辈们千万不要在宝宝面前因为彼此的教育方式不同而发生争执，这样的争执容易让宝宝感到困惑与不知所措。

# 鼻子里面痒痒怎么办
## ——让宝宝不抠鼻子

康康一岁多的时候，最喜欢做的事情就是抠洞洞。常常搞得妈妈跟在他的小屁股后面东奔西跑，忙乱不堪，生怕他一不小心把小手伸进了电源插座，导致不堪设想的后果。

前些日子因为过敏，康康的小鼻子痒痒了好些天，他时不时用小手抠一抠，觉得舒服多了。没承想这下他可发现好玩儿的事情了，即便现在小鼻子不痒痒了，只要他小手一闲着，就很自然而熟练地伸进鼻孔，恋恋不舍地不肯出来。

一天，妈妈实在看不下去了，大声呵斥道：“别抠鼻子了，跟你说了多少次，乖宝宝不能抠鼻子。”

康康不服气地说：“爸爸还那样呢！”

妈妈一时语塞，但马上接口说：“妈妈昨天教育过爸爸了，他以后不抠鼻子了。你，从现在开始就改掉这个坏习惯！”

康康昂起头，说：“那鼻子里痒痒的时候怎么办呢？”

妈妈问：“你现在鼻子痒痒吗？”

康康点点头。

“我来帮你。”妈妈说着拿起了棉签，蘸一点点温水，让康康仰卧在自己的大腿上，借着阳光，妈妈看清了康康鼻子里的脏东西，用棉签小心地一点点粘出来。

清理完了，妈妈收拾起棉签，对康康说：“好了！以后鼻子痒痒就跟妈妈说，妈妈帮你把鼻子里的脏东西弄干净。”

康康又点点头。

妈妈接着说：“抠鼻子是很不卫生的，你想想，抠完鼻子的手你又不洗，然后用手抓饼干、苹果这些东西吃，脏东西不全都吃进肚子里去了吗？”

康康很懂事地说：“我以后再也不抠鼻子了。”

## 寻根究底 ?

鼻腔是呼吸道的哨所。鼻腔内有一层又薄又嫩的黏膜，它的前部长有黑毛，当吸入外界的空气时，能阻挡空气里的灰尘杂质，还能分泌黏液（即鼻涕），使空气湿润；鼻腔里面有许多毛细血管，能使吸入的空气变得接近体温，能预防感冒，所以，鼻腔是呼吸系统的第一道防线。

如果宝宝经常用手指挖鼻孔，就会对身体造成伤害：

可能会损伤鼻黏膜，破坏鼻分泌物吸附空气中的尘土及鼻毛阻挡异物的作用；鼻腔内侧有许多细小的血管，这些血管的位置很浅，挖鼻孔时，血管就容易破裂，造成出血；手指还可能将细菌带进鼻腔，导致呼吸道感染，如果把细菌带进血管里，可能引起败血症，导致生命危险。

那么，宝宝为什么爱抠鼻孔呢？原因可以总结为如下几点：

第一，生理兴趣。宝宝的好奇心很强，对自己的身体更加不例外，会用他们独特的方式去探索，体验身体各器官的神奇。而鼻孔对于宝宝来说，这个长在身上的小小的洞里究竟隐藏着什么，宝宝是很想一探究竟的。

第二，缓解压力。宝宝在不断探索周围的世界，往往会有一些让他们感到困惑不解的事情，这个时候，为了缓解内心的压力，安抚自己焦躁的情绪，宝宝可能会寻求某种动作来排解，比如咬手指、抠鼻子等。

第三，病理原因。大多数养成抠鼻子习惯的宝宝一开始都是因为过敏，鼻子里痒痒的、干干的，让宝宝忍不住去抠；或者因为感冒，不断流淌的鼻涕使鼻腔充血不通气，鼻涕凝固粘在鼻孔里，结的硬硬的痂让宝宝感觉不舒服。于是，宝宝会不自觉地伸手去抠抠鼻子来缓解这种不适的感觉。时间长了，宝宝就养成了抠鼻子的坏习惯。另外，冬天室内空气干燥也会引起小鼻子感觉不舒服，成为宝宝抠鼻子的另一个重要诱因。

## 给您支招

如何正确对待宝宝抠鼻子这一现象呢？

### 一、给宝宝的小手找点儿事情做

有的时候，宝宝抠鼻子仅仅是因为他们的小手闲不住，所以家长要给宝宝的小手找点儿事情做。爸爸妈妈可以给宝宝准备恰当的玩具，比如手偶，它可是摆脱坏习惯最有效的玩具。另外，家长还可以多安排一些亲子游戏。两三岁的宝宝对利用面团制作东西非常感兴趣，家长可以给宝宝和一些软硬程度不同的面团玩耍。积木和简单的建构玩具等都是让宝宝有事可做的好东西。当妈妈做饭、打扫卫生时，一些简单的家务活儿也可以交给宝宝去干或者和宝宝一起干，宝宝干得如何并不重要，重要的是，大人做的这些事情往往都是宝宝感觉十分好奇的事情，因此他们会十分热衷于去做这些简单的家务。

### 二、定期帮助宝宝清理鼻腔

宝宝抠鼻子可能是像故事里的康康一样，鼻子里面有脏东西，痒痒。家长应该时常给宝宝进行清洁，保证宝宝鼻腔的通畅。家长可以用漂亮的吸鼻器，定期清理宝宝的鼻腔；也可以用蘸牛奶的小棉签，或蘸了温水的化妆棉帮宝宝清理小鼻子；在宝宝睡觉的时候，用特制的小棉签棒（母婴店有售）轻轻卷着拉出，如果脏东西太硬，可以先把水滴一滴进去，软化后再卷出；宝宝感冒的时候，家长可以在医生指导下用滴鼻液消除宝宝鼻子堵塞的不适感。

### 三、让宝宝周围的空气保持湿润

如果减少了宝宝鼻孔发干的几率，也就减少了宝宝抠鼻子的机会。尤其是冬天的时候，宝宝可能因为空气干燥而鼻子不舒服，因此，家长可以在房间里放一个加湿器，让空气变得比较湿润，以免鼻黏膜经常处于干燥状态，同时多给宝宝喝水，让宝宝多吃蔬菜和水果。外出的时候，家长要准备一些凡士林油或者其他滴鼻剂，当宝宝鼻孔发干的时候，就给宝宝使用一次。如果能让宝宝的小鼻子舒舒爽爽，自然就可以有效地避免宝宝养成抠鼻子的不良习惯了。

## 四、千万不要训斥宝宝

看到宝宝总在抠鼻子，对妈妈来说是一件令人尴尬的事情。于是，大多数妈妈的第一反应就是通过呵斥，甚至对宝宝采取各种各样的惩罚措施来阻止宝宝抠鼻子的行为。实际上，大多数时候，宝宝抠鼻子完全处在一种无意识的状态，别看他们抠得那么起劲儿，其实根本就没有意识到自己的行为。况且，如果妈妈过分关注宝宝抠鼻子的习惯，也会引导宝宝更多地关注自己的小鼻子。另外，如果妈妈对宝宝的行为给予过多的关注，宝宝就会尝试更多地采用这种方式来吸引妈妈的注意。因此，妈妈的呵斥与惩罚不仅于事无补，反而会变相地鼓励宝宝更加关注并热衷于自己正在做的事情，甚至可能让宝宝精神上变得很紧张，从此进入一种恶性循环。

## 五、给宝宝的手指缠上厚绷带

这看起来有些残酷，但确实是改变宝宝不良习惯的好办法。用一些透气性好的纱布，将宝宝的小手指裹起来，宝宝的胖手指就无法伸进鼻孔了。聪明的妈妈可以充分利用宝宝的胖手指设计一些有趣的手指游戏，既防止宝宝因为手指被裹产生对抗情绪，又可以帮助宝宝在游戏过程中逐渐忘却抠鼻子这种不良行为。

## 六、大人一定要以身作则

很多宝宝挖鼻孔最初只是模仿大人，以致最后形成了习惯。还有一些是因为妈妈经常给宝宝挖鼻孔，宝宝慢慢学会并习以为常。首先，爸爸妈妈要以身作则戒掉这个坏习惯，然后，为宝宝准备一块手帕随身携带，或者不断地递给宝宝一些纸巾，告诉宝宝有了鼻涕或鼻子发痒时可用手帕或纸巾擦鼻子或揉鼻子，不要用手挖。

# 培养宝宝良好的行为习惯 ⑧

## 妈妈，我的衣服呢
### ——让宝宝学会自己的事自己做

今天是星期天，波波一家准备出门去郊游。

一大早，波波就醒了，推醒还在睡梦中的妈妈，大声说："妈妈，起床了，我们今天要出去郊游！"

妈妈睁开惺忪的双眼，撑着疲惫的身体，慢慢起床了。

"妈妈，我的衣服呢？"波波问。

"在抽屉里，我马上给你拿！"妈妈说。

"妈妈，我穿什么鞋？"波波问。

"黄色的旅游鞋，在鞋柜上，我马上给你穿。"妈妈说。

"妈妈，我的刷牙水准备好了吗？"波波问。

"我正做早饭呢！马上给你准备。"妈妈说。

"妈妈，快给我梳头！"波波说。

"你先自己拿好木梳，拿好镜子，把头发梳通，妈妈一会儿就来！"妈妈说。

"我不会，你快点儿吧，我等你。"波波说。

…………

一直在旁边冷眼旁观的爸爸这时沉默了。爸爸在一家跨国公司担任要职，经常在国外工作，回家的时间很少，今天看到波波这个样子，爸爸不禁皱起了眉头。

就在一家人吃完早饭准备去郊游的时候，爸爸突然说话了：“波波，今天我们不出去了。要在家专门学一学‘自己的事情自己做’。”

波波一听就不高兴了。妈妈忙说：“孩子还小，现在我帮她做一些，以后再学吧！”可是爸爸却打定了主意，对妈妈说：“两三岁是孩子成长的关键期，一定要在他们的能力范围内，让他们学会自己的事情自己做，这对培养他们的独立性格有很大的好处，他们将来会受益匪浅的。”

爸爸转而劝波波说：“波波，如果今天你能学会自己穿衣服、叠衣服、穿鞋子，爸爸明天就带你出去郊游，还会送你一份‘长大’的礼物！”

本来嘟着嘴的波波听见爸爸说不但可以出去玩，还有礼物，立刻来了精神。

于是，这一天，在爸爸的细心教导下，波波开始学习自己穿衣、叠衣、穿鞋。虽然笨手笨脚，花费了很长时间，但看着女儿努力的模样，爸爸妈妈特别开心。

## 寻根究底

家长的包办代替是宝宝不能形成独立性格、不懂自己的事情自己做的重要原因之一。

很多人都知道“东方神童”魏永康被勒令退学的新闻。这位神童 13 岁时就完成了小学至高中的课程，以优异的成绩考入湘潭大学；四年后又以总分第二的成绩考入中科院高能物理所硕、博连读。然而，令人意想不到的是，2003 年 8 月，中科院以魏永康不能适应研究生学习为由，劝其退学。

事实上，魏永康在学习上的不适应只是一方面，更为不适应的是在生活自理方面。魏永康从出生到去中科院念书之前，一切与生活自理有关的活儿全都被母亲包揽了，甚至连头发都要母亲替他洗。

相信所有的家长都不希望自己的宝宝长大以后变成魏永康那样的孩子。所以，从现在起，家长不要再包办代替，抓住关键期，鼓励、引导宝宝做些力所能及的事，如吃饭、穿衣、叠被、系鞋带、整理图书等，让宝宝学会自己的事情自己做，有意识地培养宝宝的独立自理能力。

## 给您支招

独立性发展最快的阶段是在宝宝两岁左右，家长应在这个关键期加强对宝宝独立自理能力的培养。

### 一、遵循由易到难的规律

孩子是可以独立完成很多事情的，但由于孩子年龄小、动作发展还不够协调，因此生活中有些看起来很容易的事，对于孩子来说并不容易做好。这就需要家长适时地教孩子一些增强自理能力的技能和技巧，并且要由易到难、由浅入深地逐步提高要求，以适应孩子的发展需要。

较小的孩子可以从吃饭、漱口、擦嘴、洗手、擦鼻涕、独立上厕所这些简单的事情开始；随着年龄的增长，逐渐让孩子学着扣纽扣、穿衣服、脱衣服等；最后，再让孩子练习把衣服叠放整齐、穿脱鞋袜、系鞋带这些稍微复杂一点儿的事情。

教宝宝独立做一件具体的事情时，也要遵循由易到难的规律。比如在让宝宝掌握穿衣服这一技能时，家长可以给宝宝穿好衣服但不扣扣子，让宝宝自己完成；当宝宝学会扣扣子之后，以后再穿衣服时，家长可以仅帮宝宝穿上两只袖子，让宝宝自己来穿上肩；最后让宝宝在毫无帮助的情况下，独立完成整个穿衣动作。

## 二、引导宝宝“我自己做”的欲望

做父母的都有这样的体验：当宝宝一岁左右能独立行走时，常常不喜欢父母的帮助，表现出初步的独立意向行为。等到两三岁时，这种欲望就显得更为强烈。这种行为表明宝宝的自我意识的初步萌芽，是培养树立宝宝“自己的事情自己做”的最好时机。家长应该在这一时期内，引导宝宝产生“我自己做”的欲望，想独立做什么，不妨就让宝宝独立去做，可以达到事半功倍的效果。

## 三、鼓励为主，提高孩子的自信心

很多事情不是一次就能学会的，比如，当宝宝把左右鞋子第十次穿反了的时候，你会怎样对待呢？是简单训斥“你真笨！”还是干脆包办代替呢？要知道，这样做的结果，恰恰是扼杀了孩子的主动精神，把孩子“自己的事情自己做”的欲望彻底毁灭在了萌芽状态。如果家长在此时给孩子适当的鼓励：“宝宝会穿鞋了真不错，不过仔细看看，穿的对不对呀？”引导孩子自己发现鞋穿反了，并鼓励孩子重新穿一遍。那么，孩子的自信就会大大地增强了。

### 四、独立习惯要持之以恒

当孩子自己的事情能自己做时，家长一定要保持教育的一致性与一贯性。因为孩子年龄小，坚持性差，做事需成人的不断督促。作为家长尤其要注意：不能爸爸一个要求，妈妈一个要求；更不能今天一个要求，明天要求就变了。只有使孩子把良好的生活习惯保持下去，我们的教育才是成功的。

# 今天我来择豆角
## ——让宝宝勤劳不懒惰

妈妈这两天出差，所以家里只剩下了爸爸和薇薇两个人。

每天爸爸下班后，保姆就走了。做晚饭、陪薇薇玩耍都成了爸爸的工作。薇薇还太小，如果把她单独放在房间里让她自己玩是不安全的，可是，爸爸要做饭，怎么陪薇薇玩呢？

爸爸想出了一个好主意——让薇薇陪着一起做饭！

“薇薇，今天我们来玩择菜好不好？”爸爸走近正在搭积木的薇薇，问道。

“好！”薇薇立刻扔下手里的积木。

爸爸牵着薇薇的手，进了厨房，给薇薇一把豆角，示范性地对薇薇说：“薇薇你看，就像爸爸一样，把豆角的两头轻轻撕掉，然后把撕掉的部分放到垃圾桶里，择干净的豆角放到另一个筐里。看清楚了吗？”

“嗯，知道了！”薇薇一边说一边拿起了一个豆角。爸爸帮着薇薇一起择完了第一个豆角，接下来，薇薇

自己择，虽然慢，但是择得很认真。

在薇薇择豆角的时候，爸爸动手做红烧排骨。15 分钟过后，薇薇甩甩酸痛的双手，说："爸爸，我择完了！"

"真是勤劳的好姑娘！以后要是参加劳动比赛，你一定是小冠军！"爸爸一边检查薇薇择的豆角，一边夸奖薇薇。

受到表扬的薇薇得意地说："我喜欢劳动！"

这顿饭，薇薇吃得特别多。爸爸也吃得特别香。

五天后，妈妈出差回来了。爸爸又买了豆角。薇薇看到豆角立刻说："今天我来择豆角！"妈妈一听乐了，以前什么都不干的薇薇怎么会主动劳动呢？爸爸告知原委后，妈妈点头说："这样真不错，既让薇薇养成了勤劳的好习惯，又让她在劳动中体会到了乐趣。以后我们经常让薇薇帮着做些简单的家务活儿吧！"

于是，薇薇的生活里又多了一项游戏——劳动！

## 寻根究底 ?

在目前的家庭中，独生子女居多，家长过分宠爱宝宝，基本不鼓励和主张宝宝去做家务。调查显示，中国城市家庭独生子女每日平均劳动时间仅为 11.32 分钟，不及美国宝宝的 1/6。

为什么会出现这种情况呢？

从家长方面来讲，由于教育价值观和教养态度不正确，把优生优育狭义地理解为单一的智力开发，缺乏对培养宝宝劳动习惯的正确认识。例如有些家长认为家务太危险，怕宝宝出事；宝宝做不到位，效果差，自己还得重做；或因怕宝宝干活儿时弄湿衣服、打破盆、摔烂碗给自己造成不必要的麻烦等等。从宝宝方面来讲，起先宝宝想学干活儿，但父母因疼爱宝宝不让干，等宝宝长大以后，父母想叫宝宝帮一点儿忙，宝宝却不肯了，因为宝宝早已习惯了过舒适的生活；就算宝宝愿意干，但因缺乏必要的家务劳动技能的实践锻炼，宝宝会做得不好，也可能不会做或没有劳动兴趣，从而更愿意依赖父母。

心理学家指出，宝宝是否愿意从事家务劳动以及从事家务劳动时间的长短，将影响其性格的发展。俄国伟大的文学家高尔基在谈到成才的关键时说："人的天赋就像火花，它既可以熄灭，也可以燃烧起来，而促使它燃烧成熊熊大火的方法只有一个，就是劳动，劳动，再劳动。"美国研究人员发现：从小就爱劳动的人长大参加工作后，收入比小时候不爱劳动的人要高出四倍。我国教育方针中明确提出：教育必须与生产劳动相结合。适当的力所能及的劳动，不仅不会累坏宝宝，而且会让宝宝从中获得一定的生存技能，学到更多的知识，还可以借此锻炼宝宝的意志品质，使宝宝早日成才。

## 给您支招

据研究，幼儿时期，宝宝就表现出了劳动的兴趣，这也是培养宝宝劳动习惯的最佳时期。因此，家长应该充分利用好这一最佳时期，让宝宝在持续的劳动中养成爱劳动的好习惯。

### 一、让宝宝试一试

宝宝活泼好动，模仿力强。曾有人做过调查，得出这样的结论：宝宝对劳动的态度，大多是乐意的，劳动的体验是愉快的。如果有一天，宝宝歪着脑袋津津有味地看着家长做家务时，家长可以笑着对宝宝说："来，试一试！"在宝宝不协调的动作中，家长可以细心地教导宝宝做好的要领，做完后给宝宝适度的精神、物质奖励，宝宝劳动的积极性会越来越高。

值得注意的是，对宝宝实施劳动教育，父母千万不要简单地把宝宝当劳动力使唤，更不能把劳动当作惩罚的手段，如果宝宝在劳动中有失误，更不能训斥和责备。父母应该重视劳动过程的具体指导，多给予鼓励，让宝宝感受劳动的愉快。

## 二、教给宝宝劳动的技能

劳动需要动脑子，干什么活儿有什么样的干法，劳动的程序、操作要领、技巧需逐步掌握。任何劳动，由于技能水平不同，会有快慢、质量好坏的差别。因此，掌握劳动技能是劳动教育的重要层面。如果家长教得好，宝宝学得就快，做得就好，自然乐趣就多，容易养成劳动的习惯。

## 三、设立劳动承包制

家长可以把某件事长期承包给宝宝干，这样能够培养宝宝对劳动的责任感和对事物研究的愿望。如可以把洗碗、择菜或洗菜等活儿固定给宝宝干，慢慢地，宝宝便会习惯性地对这件事负起责任来，还会把劳动当作研究对象，去研究什么时间是最佳时间，怎样干才能提高效率，干得最好。

## 四、选择适合宝宝的劳动

家长应该为宝宝选择适合的、力所能及的家务劳动，不能超出宝宝的能力范围，这样才能有效地培养宝宝劳动的习惯。例如，可让他们帮助提东西，拿肥皂、扫帚、挎包、拖鞋、小板凳等；开饭时可让他们帮着搬凳子、摆碗筷，饭后让他们帮着收拾碗筷；可让他们和家长一起打扫居室卫生，如扫地、擦桌椅柜橱；可以让他们帮家长一起刮土豆皮、择菜、洗菜等。这些事情可以使宝宝感到十分快乐，觉得自己长大了，能帮助爸爸妈妈干事情了。

另外，家长可以带宝宝参加居民区组织的一些公益劳动，例如，参加春天植树、夏天灭蚊蝇、秋天除草、冬天扫雪等；也可以带宝宝照顾附近的孤寡老人、军烈属；让他们为邻居做些力所能及的事，如分发报纸、取牛奶、照顾小朋友等。

只要家长经常带着宝宝做他能够做的事，不仅会使他乐意去做，而且能让他受益匪浅，养成勤劳的好习惯，得到更全面健康的发展。

## 五、及时进行鼓励

对宝宝做的家务活儿，要及时肯定，并给予表扬。人都有一种要获得别人肯定和赞许的心理。及时鼓励宝宝，并对他们的能力进行肯定，对他们的成长有一定的好处。比如得知宝宝洗了碗后，家长可以称赞宝宝说：“哇，这碗谁洗的呀，这么干净！”宝宝听了，心里一定会甜丝丝的。

# 我不想睡午觉
## ——让宝宝规律地作息

周舟刚两岁，每次午觉都是他和妈妈闹矛盾的重点，因为妈妈每天都要把周舟“困”在床上。周舟当然不甘示弱，总是在床上折腾两个小时之后才入眠。有时候为了让周舟早些入睡，妈妈还动用打骂的手段。可即使如此，周舟还是屡教不改。

这天，妈妈带着周舟去亲子中心。在宝宝们上课的时候，妈妈便和其他几个妈妈攀谈起来。

“你们家宝宝午睡情况怎么样？”妈妈苦恼地问道。

“我们家宝宝每天都睡午觉，有时候要睡好几个小时呢！”一个妈妈立刻回答。

“那他是一开始就自己乖乖睡的吗？”周舟妈妈羡慕地问。

“一开始也要劝，也要哄，后来养成习惯以后，到了点儿就自己爬上床去睡了。”那个妈妈骄傲地说。

还没等周舟妈妈讨教方法，另一个妈妈插嘴道：“我女儿中午很少或根本不睡，但晚上能睡 10 到 12 个小时。”

“宝宝不睡午觉行吗？会不会对身体有影响啊？”周舟妈妈惊讶极了！

那个妈妈耸耸肩膀，说：“去医院检查过了，一切正常。我觉得只要宝宝总的睡眠时间保证了，不午睡没有太大关系。就是我们辛苦点儿，也不能午睡了。”

“是啊，是啊，我家宝宝也不爱午睡！”另一个妈妈看这边讨论得热闹，也参与进来，“我们家宝宝从一岁半开始就不喜欢午睡。我也曾经想尽办法哄他睡觉，可是他反而越来越精神，我只得向他投降。通常小朋友午睡的时间，他都是自己玩玩具、画画儿。有时候觉得累了，他也会睡一会儿。”

看来宝宝不爱午睡，是一个很平常的现象，这让周舟妈妈舒了一口气。可是毕竟大多数宝宝是睡午觉的呀！而且看书和杂志上说，午睡对宝宝的生长发育很好，如果宝宝不睡午觉，会不会输在起跑线上？周舟妈妈还是满心的疑问。

## 寻根究底 ?

睡眠是宝宝休息大脑和促进身心发育的重要方式。宝宝睡眠时，身体各部位和神经系统都在进行调节，氧和能量的消耗最少，利于消除疲劳，内分泌系统释放的生长激素比平时增加三倍，而且生长激素主要是在睡着时分泌，深睡的时候效果更好。所以，宝宝除了正常的晚间睡眠以外，如果能在中午有一两个小时的睡眠，对促进宝宝的生长发育和身体健康是很有好处的。

两三岁宝宝的大脑正处于快速发展期，大脑皮层的机能比较弱，兴奋性比较强，神经细胞容易疲劳。宝宝们自早晨至中午，由于参加各种游戏活动，身体一定很疲劳，普遍会变得精神不振。如果午饭后宝宝进行午睡休息，不仅能消除宝宝的疲劳，而且利于宝宝下午的活动。因此，宝宝应该有良好的作息习惯，多睡午觉。而且，睡觉应该定时，因为有规律的生物钟形成对个体的身心发展是极有益的。

那么，为什么很多宝宝像故事中的周舟一样不爱睡午觉呢？

入幼儿园之前，两三岁的宝宝正处于第一个“自立期”，自己动手是他们的需要。这个时期的宝宝总想摆脱成人过多的照顾，事事要求自己来。但自控能力、规则意识差，导致他们每天睡前的准备工作磨磨蹭蹭、边做边玩，以至很难入睡。有的宝宝甚至躺下后还思绪万千，手脚比画，口中念念有词，久久不能入睡。这是大多数宝宝不睡午觉或者长时间睡不着的原因。

## 给您支招

宝宝上幼儿园之前，也就是三岁以前，午睡问题就显得很突出。有的妈妈觉得应该让宝宝养成午睡的习惯，这样既保证宝宝的健康睡眠，又能帮他提前适应幼儿园的生活规律；有的妈妈觉得午睡应该让宝宝自己选择，不能强迫孩子。那么孩子到底要不要午睡呢？

这个问题应该针对宝宝的个性和身体状况区别对待，不能一刀切。如果宝宝不愿意午睡，那么家长不必像故事里周舟的家长那样把宝宝“困”在床上，只要注意宝宝晚间睡眠时间是否充足（零岁到半岁是 16 小时，半岁到 2 岁是 14 小时，2 岁到 4 岁是 11 ~ 12 小时），如果充足，那么白天不午睡也可以，对宝宝没有什么大影响。但是，要注意让宝宝保持安静，不要再跑跑跳跳。

如果宝宝愿意午睡，那么爸爸妈妈要让宝宝养成良好的午睡习惯。

## 一、午饭后不要立即睡觉

科学证实，午饭后不宜立即躺下午睡。午餐后大量的血液流向胃，血压下降，大脑供氧及营养明显下降，易引起大脑供血不足。一般午餐后休息十几分钟再午睡最好。家长可以带着宝宝出去散步，既进行了观察活动，又利于宝宝的身体，然后再回家午睡。另外，午睡的时间不要过长，通常 1 岁以上的宝宝午睡 1 ~ 2 小时比较合适，当然也要根据宝宝当天的睡眠状况做适当调整。

## 二、让宝宝在故事中开始午睡

家长可以引导宝宝在故事中开始午睡，如妈妈可以说：“宝宝，我们玩了一上午都累了，让我们去和白雪公主一起休息一下好不好？”在帮助宝宝把衣服、帽子、鞋子放好后，播放轻音乐，然后讲故事给宝宝听，让宝宝在愉快、静谧的环境中进入午睡。

另外，家长应尽可能地保持宝宝有规律的午睡，每天都在基本相同的时间午睡，让宝宝的作息时间保持稳定。

## 三、时刻给宝宝关爱

对入睡的宝宝，家长应给予更多的关注，不要认为宝宝睡着了就可以不关心了，要给宝宝一些爱抚，使宝宝感到安全、温暖、可信可亲，如：轻吻一下额头，抚摸一下脸蛋等。这些小动作可以消除宝宝睡眠中可能遇到的焦灼、紧张感，提高宝宝的睡眠质量。

对能够愉快安静午睡的宝宝，爸爸妈妈要及时地给以表扬和奖励，如发一朵小红花或口头表扬一下。虽然红花很小，但可以给宝宝以激励；虽然表扬很轻，但可以增强宝宝的自信。慢慢地，宝宝就会主动进行午睡了。

# 在家里玩不是一样吗
## ——让宝宝喜爱户外活动

荣荣是三代单传，由于父母工作忙，所以一出生就被送到姥姥家当宝贝似的养着。荣荣快两岁了，正是淘气、爱活动的时候，可姥姥姥爷总是寸步不离地看着他，更不让他出去活动。为什么？因为跑跳容易出汗，如果出了汗没有及时换衣服，很容易感冒；而踢球、拍球容易伤胳膊、伤腿；滑梯、攀登更容易摔着，太危险不能玩……于是，荣荣只能在姥姥姥爷的羽翼下，偶尔出去散个步，大多数时间都待在家里。

一开始，荣荣不习惯，总被窗外其他小朋友追赶跑跳的声音吸引。可是久而久之，荣荣习惯了，觉得在家看看电视，画画图画，也很自在。

慢慢地，荣荣长大了，到了上幼儿园的年龄，爸爸妈妈便把他接回了家里。可是爸爸妈妈发现荣荣不会玩，让他出去和其他小朋友捉迷藏，荣荣会说“在家里玩不是一样吗，我想在家看电视”；让他和爸爸一起去放风筝，荣荣会说“在家里玩不是一样吗，我想在家里画图画”……

荣荣总有各种理由拒绝到户外去活动，有时候被爸爸妈妈硬拽到楼下，要荣荣去玩滑滑梯、皮球，荣荣会不知所措，一副没有兴趣的样子。因为相比较而言，同龄的小朋友都已经玩得如鱼得水了，可是荣荣却一窍不通，如此丢人，荣荣更没有了玩的兴趣。

儿子这样下去不是办法啊！爸爸只好在晚上、外面小朋友比较少的时候，带着荣荣出去，教荣荣玩。

## 寻根究底 ?

据有关调查显示，现阶段儿童的速度、耐力、灵敏度、协调力等多项体能素质都达不到规定标准。这不得不让人深思：为什么生活水平提高、营养丰富了，宝宝长高长胖了，他们的体能却呈下降趋势，原因何在呢?

一方面原因是，在一些大都市，建筑群星罗棋布，人们的活动空间极为有限，就造成宝宝的户外活动空间不足，活动量也相应减少；另一方面原因是，有的家长认为自家宝宝身体很壮实，没必要再搞什么体能锻炼；有的家长说，宝宝现在整天在家动个不停，运动量早就够了。实际上，他们错了。宝宝身体自然的生长及好动的行为，是不能取代户外体育运动的，尤其像奔跑、跳跃、攀爬等大运动量的活动，能够发展大肌肉的力量和增强身体的协调性，是幼儿成长过程中不可缺少的。

宝宝在户外时，可以呼吸到新鲜空气，进行游戏活动。总是待在家中的宝宝，无论怎么活动，其运动量及身体能量消耗很难与户外的活动相比。活动量不足，往往是那些睡眠不实、食欲不好、易烦躁的宝宝的病因。

另外，很多家长觉得自己的宝宝身体虚弱，体质不好，因此不让他们参与户外活动。其实恰恰相反，户外活动对增强宝宝的体质有很大作用。

宝宝的皮肤里有无数感受外来刺激的神经末梢，对外界环境的不断变化和刺激能最先发生反应，表现为体温调节的变化。儿童时期体温调节的机能还不完善，如果缺少户外活动，没有日光、空气等自然条件的刺激来提高体温调节机能，体质就会偏弱或很弱，稍遇气候变化就难以适应，容易患感冒等疾病。而经常参加户外活动，会使宝宝获得充足的氧气和日光照射，对增强呼吸器官，加强心脏活动能力，以及改善机体各组织器官的机能，促进生长发育等，都有很好的促进作用。

## 给您支招

宝宝进行户外活动时，家长要注意以下几点：

### 一、选择合适的活动地点

夏季天气炎热，日照强烈，需选择在通风、凉爽的树荫下、房檐下做些安静的活动；春秋气候宜人时，应多选择公园、水边等空旷场所；在寒冷的冬季，是宝宝们最受限制的季节，家长应选择避风处；天气好时，可以在户外玩的时间长些；天气不好时，可以减少在户外的活动时间。但是，家长一定要每天坚持让宝宝外出，不要因为寒冷就让宝宝窝在家里。

### 二、遵循宝宝体能发展的顺序

父母们应多抽出些时间，每天和宝宝一起到户外做各种运动。但需要注意的是，不论何种锻炼活动，都要遵循宝宝体能发展的顺序。一般来说，儿童动作功能发展的顺序分为：姿势摆位（主要发展时期为0～2岁）、粗大动作（主要发展时期为2～4岁）、精细动作（主要发展时期为4～8岁）、技巧技能（主要发展时期为5岁以后）。每一阶段的发展都在为下一阶段打基础，只有基础扎实了，身体素质才能循序渐进地得到提高。所以，在宝宝上幼儿园之前，家长对宝宝的体能训练的重点应放在基础姿势和粗大动作的发展上，注重量而不要追求质，即保证运动的时间和适当的强度，不必要求多高的技能和技巧，达到提高体能及增强身体素质就行了。

另外，户外活动以体育游戏为主，根据天气情况、幼儿身心发展特点和动静交替原则，有时也在户外穿插进行一些运动量较小的游戏，如智力游戏等。

### 三、给宝宝自由

在户外活动中，家长要认真关注宝宝的情感、态度、积极性，但也不要干预过多，可让宝宝根据自己的爱好，自由选择运动器械，自由结伴，让宝宝在快乐、有趣的环境中与人交流和分享自己发现的信息，使宝宝真正成为活动的主人，让宝宝更好地去实践和探索。

### 四、加强宝宝的自我保护意识

在户外活动中，宝宝难免会发生一些小意外。特别是在体育游戏中，摔跤、碰撞等常有发生。这个时候，父母要注意对宝宝自我保护意识和能力的培养。户外活动范围较广，家长在活动前要尽可能预计到可能出现的不安全因素，向宝宝交代活动的有关安全事项，增强宝宝的自我保护意识。在活动过程中，家长要时刻关注宝宝的行为，及时纠正宝宝的危险动作。

## 五、培养宝宝的多种能力

第一，观察力。年龄越小的宝宝对一切外界事物越是感到好奇，什么都想知道。宝宝通过自己的观察会向父母提出各种各样的问题，比如最简单的："这是什么呀？"这时，作为父母就应该及时给予积极的回应，详细解答宝宝的疑问，以进一步激发宝宝观察的兴趣，而不是草草地应付或只是不耐烦地回答。

第二，交往能力。如今的宝宝大部分是独生子女，平时与其他小伙伴交往的机会也比较少，所以，父母可以利用宝宝到户外活动的时候鼓励他们主动与其他小伙伴交往。对于一些性格相对内向的宝宝来说，也应该鼓励他乐于接受他人的邀请、与他人交往。此时的父母不需要过多地干预宝宝的游戏活动，成年人的加入只会增加宝宝的拘谨感，因为宝宝们彼此之间有他们独特的交往方式。

第三，语言能力。通过户外活动，宝宝不仅开阔了眼界，认识了外界的许多事物，同时还能从中发展语言表达能力。例如，回家后父母可以和宝宝交流一下，回顾一天活动中的所见所闻和所想。

# 呀，我拿错小明的水壶了
## ——让宝宝做事认真不马虎

松松是个小马虎，每次和小朋友一起玩耍的时候，妈妈都要千叮咛万嘱咐，小心脚下，别摔跤；看清有没有车再踢球……

这天，松松出门和小朋友玩滑梯。妈妈一边择菜，一边从窗口时刻关注着松松。这孩子，一会儿在滑滑梯的楼梯上绊了一下，差点儿摔跤；一会儿来回奔跑，撞到了站在那儿看他们玩耍的孩子，总之没有让人省心的时候！

松松为什么会这样呢？妈妈觉得可能跟松松的性格有很大的关系。松松是个特别着急的宝宝，一旦心里有想要做的事情，便顾不得眼下了。

正因为这样，妈妈每次都叮嘱松松，做什么都慢一点儿，别着急，不要因为图快而马虎大意。可是松松听这话的时候也总是马虎，左耳朵进，右耳朵出，因而总也改不了坏习惯。

“妈妈——”洪亮的声音让妈妈不看也知道，是松松回家了。

松松一进门就火急火燎地说：“妈妈，我渴死了，水壶里没水了！”妈妈一边端着凉水出来一边琢磨，松松下楼的时候，明明在他的水壶里灌了一大壶水，怎么就没有了呢？走到松松跟前，妈妈恍然大悟：松松手里的水壶不是他的。

妈妈把水递给松松，然后把松松手里的水壶摆到显眼的地方，夸张地大声说：“呀，我们的水壶真是个神奇的水壶，才一会儿工夫就变了个样子！”

松松大口喝完水，也好奇地看着水壶，立刻说道：“呀，我拿错小明的水壶了！肯定是刚才着急回家才拿错的！”

妈妈叹了口气，这孩子怎么办才好啊！

## 寻根究底 ?

“马虎”一词一般的解释是：草率；敷衍；疏忽大意；不细心。说起马虎，肯定有许多父母像松松妈妈一样正在发愁。马虎究竟对宝宝有什么危害呢？

第一，蚕食正在形成的好习惯。马虎会引起宝宝大错不多、小错不断的现象，如果对此问题听之任之，就会给宝宝带来一种浮躁的情绪，进而影响宝宝的态度、兴趣，它会像蚕吃桑叶一样，逐步吞食掉宝宝正在形成的认真负责的良好品质。

第二，容易发生想不到的意外。最直观的就是宝宝的人身安全会受到威胁，这也是家长们最看重的。

第三，影响宝宝的未来。在宝宝的成长过程中，将会因为粗心与马虎造成不应有的障碍和困扰，轻则事倍而功半，重则严重地影响宝宝的未来。

要想解决宝宝的马虎问题，父母首先应查找造成宝宝马虎的原因，耐心分析这些原因形成的过程，为寻找解决的有效措施做准备。原因有如下几条：

第一，父母不重视。有的父母和宝宝都认为马虎是小毛病，以后注意就可以轻松改正，所以经常说的一句话就是“下次注意就好了”，这就导致了马虎的宝宝没有改掉这种坏习惯的强烈动机。另外，有的家长常让宝宝一心二用，比如边看电视边吃饭，或是让宝宝在一个嘈杂混乱的环境里玩玩具、画画儿，这都有可能养成儿童粗心马虎的毛病。

第二，性格因素。有的宝宝天生就好动，走起路来从来就不看脚底下；喝水也总是不小心被呛到……这种好动、急躁的性格造成了宝宝做事容易马虎。性格是一个人对现实生活稳定的态度和习惯化了的方式，但是也不是绝对不能改变，儿童的生活环境、父母的教育方式等对性格的形成起着很大的作用，父母在把握宝宝先天性格的基础上，对宝宝要加以正确的引导。

第三，发育不完全。从生理的角度来看，因为宝宝年龄还小，各项发育还不完善，知识结构单一，对事物的判断不准确，这也是造成做事马虎的重要因素。而家长的教育与引导，是让宝宝养成做事认真好习惯的唯一保证。

## 给您支招

宝宝马虎的问题并非不可克服，只要对症下药，就不难找出消除宝宝马虎的对策。我们都知道，宝宝马虎不是生来就有的，而且在现实生活中从来不马虎的宝宝是非常少的，因而在宝宝的早期教育中，父母应注意对宝宝各个方面的培养，避免或尽量减少宝宝马虎问题的出现。

### 一、培养宝宝做事认真的态度

发展心理学认为，培养宝宝认真品质的最佳年龄是一岁到两岁，所以家长在这段时间内要有意识地培养宝宝做事认真的态度。比如：宝宝要把自己的东西摆放得工工整整；搭积木时要认真细心，不能虎头蛇尾；背诗过程中的吐字不能含混不清，要尽量说清楚等等，在潜移默化中让宝宝养成良好的习惯。

## 二、找实际例子让宝宝意识到马虎的危害

如果有亲友从事精密、细致的工作，不妨带宝宝去看看他们的工作情况，请亲友现身说法，会给宝宝思想以较大影响。或者，爸爸妈妈可以给宝宝说一些宝宝认识的人，因为马虎而造成的严重后果，比如“二伯为什么少了一根手指，那是因为他在工作的时候一不小心让机器给砸掉的”。值得注意的是，这样的事实教育不要在宝宝犯错以后作为恐吓对宝宝说，那样会给宝宝造成心理阴影，而是应该在宝宝情绪平和时，耐心地给宝宝分析。

## 三、让宝宝自己找错

以画图画为例，有的宝宝很马虎，会把苹果画成紫色，把香蕉画成蓝色，这时候爸爸妈妈或者长辈会很快检查出来，并一一指正。这种方法对克服宝宝马虎的毛病不但没有好处，还可能导致宝宝产生依赖心理而更加马虎。正确的做法是，家长可以告诉宝宝，他的画里有错，但不要具体指出错误，可以指导宝宝自己检查，找出错误，然后改正，特别要培养宝宝一次做对的习惯。

## 四、专挑细活儿给宝宝做

生活中有许多细活儿，不认真绝对做不好。对于经常马虎的宝宝，通过干细活儿，可以帮助他克服马虎的毛病。例如，写毛笔字、缝衣服扣子、淘米、挑沙子、择洗蔬菜、动脑筋游戏等。让宝宝有目的地去干这类事情，经常训练，宝宝就会越来越细心。

## 五、树立宝宝的责任心

责任心是任何人要做好一件事情的前提，可以说如果没有责任心，对什么事情都敷衍了事，草草出兵，草草收兵，必然做不好。有了责任心以后，才会谨慎从事，细致认真，不敢有半点儿马虎。要培养宝宝的责任心，光靠说教不行，要靠平日里的习惯培养。比如，在家里父母可以给宝宝派一项工作，让他负责扫地或摆碗筷，这就是他的责任，干好了要给予鼓励或奖励，干不好家长就要让宝宝承担后果，比如重来一遍，直至干好为止。总之，就是让他对自己的事儿负起责任来。这样，就会逐渐地培养起宝宝的责任心，再遇事时不至于敷衍了事。

有一点家长一定要注意，那就是要让宝宝自己负责不小心所造成的后果。例如，不小心弄脏了墙壁，就让他自己去清洗，大人千万不要帮忙；拿错了别人的水壶就自己去归还，大人不要觉得宝宝小，就代替他去归还；摔跤之后自己贴创可贴，让全家人形成一种态度，不要因为宝宝哭而去帮助宝宝做事……很多后果宝宝因为年纪小不可能负责好，这种挫败感能让宝宝在这件事中吸取教训。这种切身体验，比说教更令宝宝记忆深刻。

# 妈妈，我出去玩一会儿再回来接着画画
## ——让宝宝做事专心

欣欣是爸爸妈妈的掌上明珠，爸爸妈妈希望唯一的女儿能够从小就学习一项特长，于是给欣欣报了一个绘画班。

绘画班一开始教小朋友们用蜡笔画画儿。虽然小朋友们年纪都还小，但拿起画笔的样子还真是有模有样呢！这天，老师留了一个作业，要小朋友回家以后，找出一种水果，然后画下来。

欣欣回家以后，把老师布置的绘画作业告诉了妈妈。妈妈立刻上街买了好几样水果供女儿选择。有黄灿灿的香蕉，红艳艳的苹果，碧绿碧绿的西瓜，还有橘红色的橙子。如此丰富的颜色，妈妈觉得一定能给欣欣很好的素材。

欣欣挑挑选选，妈妈以为她正在认真地思考，谁知欣欣说："妈妈，今天晚饭吃什么？"八竿子打不着的话题把妈妈吓了一跳，妈妈说："现在专心画画儿，别乱想！"

被妈妈说了一通的欣欣低头继续选水果，拿了一根香蕉，放到跟前画起来。香蕉是很有特点的一种水果，画起来应该很好把握，女儿一定能画好，妈妈一边看欣欣画画儿一边想。

静静地过了 5 分钟，欣欣画了一半，突然转头对妈妈说："妈妈，我出去玩一会儿再回来接着画，好不好？"妈妈本来就被一开始"今天晚上吃什么"气得够戗，现在欣欣居然还要求出去玩会儿再回来画，真是枉费了自己培养她的苦心！于是语气非常不好地说："想都别想，你今天给我专心画好了才能干其他事情，不能休息，也不能玩！"

委屈的欣欣哭哭啼啼地再次坐下来，小手紧紧地攥着蜡笔，眼泪掉在了画纸上……

## 寻根究底 ?

研究显示，2 岁的儿童平均注意力集中时间长度约为 7 分钟，4 岁约为 12 分钟，5 岁为 14 分钟。宝宝年龄越大越会逐渐懂得将注意力放在重要的事情上，而日渐增加专注的时间。因此，判断宝宝是否具有合格的专注力，应依据其年龄的大小，而非依据家长的主观感觉。

造成宝宝不专心的原因有很多：

第一，生理方面。由于宝宝的大脑发育不完善，神经系统兴奋和抑制过程发展不平衡，故而自制能力差。这是正常的，只要教养得法，随着年龄的增长，绝大多数宝宝能做到专心致志。另外，宝宝若身体不适或知觉发展不良以及神经系统或大脑微功能发生问题时，都会出现不专心的现象，这些情况都必须由医生检查和治疗。

第二，无关刺激的干扰。宝宝以无意注意为主，一切新奇多变的事物都能吸引他们，干扰他们正在进行的活动。如环境的色彩、音响、流动的人和车辆等都可能分散宝宝的注意力。

第三，疲劳。宝宝神经系统的耐受力较差，长时间处于紧张状态或从事一种单调的活动，会引起疲劳。另外，宝宝晚上长时间看电视、玩耍，父母不督促宝宝早睡早起，造成宝宝睡眠不足，第二天宝宝的注意力也无法集中。

第四，宝宝对某些事物不感兴趣。成人要求宝宝所做的事过难则会使宝宝产生畏难情绪；过易则不能吸引宝宝，都不利于集中宝宝的注意力。只有当新内容与宝宝的知识经验之间存在着中等程度的差异时，才最容易引起和维持宝宝的注意。

第五，注意转移能力差。由于年龄的原因，宝宝注意转移的品质还没有发展，因而常常不能根据需要及时将注意力集中在应该注意的事物上，这也是注意力分散的一个原因。如果事前的活动量过大，刺激较强，宝宝过于兴奋，便很难将注意力转移到后面的活动中去，更容易分心。

第六，父母管教不足或不当。很多宝宝该静的时候静不下来，该动的时候动不起来，这与父母管教不足或不当有关。父母从小就要教宝宝在什么地方应该安静，什么地方可以说话、走动，不能过分让宝宝率性而为。

第七，饮食不科学。糖果、含咖啡因的饮料或掺有人工色素、添加剂、防腐剂的食物，会刺激宝宝的情绪，影响专心度。

## 给您支招

宝宝的好奇心强，可能对许多事物都有兴趣，但往往很难专注于某事，浅尝辄止，如果任由这种情况发展下去，可能会让宝宝最后一事无成。所以，培养宝宝的专注力十分重要。

### 一、排除无关刺激的干扰

平时家长可以专门指定一个固定的房间给宝宝，将房间的环境安排得有条不紊，以减少让宝宝分心的外界事物。当宝宝从事某种活动时，周围的环境要尽量保持安静，成人讲话须尽量减少，声音要低，最好以动作暗示，以免干扰宝宝的活动。此外，家中的气氛亦必须稳定，避免经常搬家及家中太多的人出入。亦切忌同时买太多的玩具及图书给宝宝，否则，会使他们左顾右盼，不知所措，而无从培养仔细、有耐心、反复和专注一件物品的习惯。

### 二、尊重宝宝的兴趣

家长切勿要求宝宝做不感兴趣或超过能力所及的事，以免他们借着不断变换活动来逃避大人的责备。家长要了解宝宝已经具备的知识经验和心理特点，使宝宝对将要从事的活动有强烈的兴趣，从而激发宝宝的求知欲，培养其兴趣，促进他们集中注意力。

### 三、灵活运用无意注意和有意注意

有意注意是完成任何有目的的活动所必须的，但有意注意需要在意志方面努力，消耗的神经能量较多，容易引起疲劳，特别是 3 岁左右的宝宝由于心理特点使然，很难长时间保持有意注意。宝宝的无意注意占优势，任何新奇多变的事物都能吸引他。成人必须灵活地掌握方法，不断地变换宝宝的两种注意，使大脑活动有张有弛，既能做好某件事情，又不至于过度疲劳。另外，人要一直保持专心其实很累，当宝宝专注于某件事有一段时间之后，要让宝宝起来活动 5 ~ 10 分钟。如果家长要求宝宝整天时时刻刻都要专心，不让放松，不见得有利。

### 四、对宝宝讲话不要总是重复

有些父母对宝宝不放心，一件事总要反复讲几遍，这样宝宝就习惯于一件事反复听好几遍。这样漫不经心的习惯是造成宝宝不专注、易分心的重要原因之一。父母要做到对宝宝交代事情只讲一遍，这是培养宝宝专注力的一种有效方法。

### 五、家长应该以身作则

宝宝的注意力跟父母的言行也有关系。如果爸爸妈妈做事集中精力，宝宝无形中就会养成集中精力的好习惯。所以家长应该以身作则，表现出专心、坚持和耐心的态度，并认真去做。

# 蜡笔哪儿去了？我昨天还用了呢
## ——让宝宝不再丢三落四

鹏鹏是个非常活泼的小朋友，但是有个坏毛病——爱丢三落四。

这天，鹏鹏去姑姑家玩，带了一盒彩色蜡笔和皮球、小汽车等几样特别爱玩的玩具，想去和弟弟一起玩。

两个小男孩在一起真是闹翻了天！他们一会儿玩汽车大战，一会儿出门拍皮球，一会儿画画儿，一会儿折飞机……两个宝宝都满头大汗，可是玩得特别开心。

妈妈看看时间差不多了，便让鹏鹏收拾好自己的东西准备回家。鹏鹏万分不舍，央求妈妈：“再玩一会儿嘛！”妈妈很坚决地拒绝了：“已经玩了一整天了，回家洗个澡，瞧你这一身汗！”

鹏鹏不依。妈妈就说：“下个星期天再带你来玩！但是今天一定要回去了。”

鹏鹏这才一百个不情愿地跟妈妈回了家。

到了家以后，妈妈一边放洗澡水，一边让鹏鹏把自己的玩具归置好。不一会儿，鹏鹏就蹦蹦跳跳地来到了浴室，说东西都放好了。妈妈拍拍鹏鹏的头，帮鹏鹏洗澡。

第二天，鹏鹏想画画儿，可是怎么也找不着蜡笔了，便问妈妈：“妈妈，妈妈，蜡笔哪儿去了？我昨天还用了呢！”

正在做饭的妈妈听见儿子说蜡笔找不着了，就暂时停下手里的活儿，来到儿子跟前问：“又犯丢三落四的毛病了吧？昨天不是让你归置好了嘛，今天怎么就找不到了？”

“昨天……昨天……昨天我记得放好了啊……”鹏鹏结结巴巴地说。

“那，昨天回家后，一直到现在有没有用过蜡笔呢？”妈妈问。

“没有！昨天就在姑姑家玩过！”鹏鹏肯定地说。

“再在家里找一遍！如果没有，打个电话问问姑姑，看蜡笔在不在她家。”妈妈利索地布置了调查任务。

正在鹏鹏埋头寻找的时候，姑姑打电话来：“鹏鹏把蜡笔落在我这里了！”

妈妈无奈地跟姑姑说：“这孩子啊，什么时候能改掉丢三落四的毛病啊！”

## 寻根究底 ?

宝宝丢三落四，很重要的原因是父母的疏忽造成的。有些父母过于疼爱宝宝，什么事都替宝宝安排好，致使一些宝宝对自己的物品没有保管的责任和意识。而且，很多父母常常会认为宝宝丢三落四的坏习惯是小事情，不用过于计较。但是心理学家研究发现，宝宝丢三落四是缺少计划性和对事情缺少统筹安排的表现，而周密的计划性对宝宝将来的学习和今后的为人处世非常重要，所以，从小改正宝宝丢三落四的坏习惯具有非常重要的意义。

## 给您支招

哪个宝宝都知道丢三落四是不好的，但是相当多的宝宝都改不掉这个毛病，不是不会，而是没有这个习惯。

### 一、父母不要过分责备宝宝

当宝宝丢了东西时，父母应像故事中鹏鹏的妈妈一样，给宝宝出出主意，耐心地帮助宝宝回忆，东西是在哪儿弄丢的？在父母的耐心启发下，宝宝或许能够慢慢回忆起来。如果宝宝实在想不起来，家长也不要责骂他，因为那样不仅解决不了问题，反而还会起到相反的作用。长期下去，会让宝宝产生心理压力，甚至觉得自己就是这样一个爱丢三落四的人，会在心理上形成固有模式，更不利于改掉坏习惯。

### 二、让宝宝不要乱放东西

一般情况下，丢三落四与乱放东西有因果关系。日常活动中，家长可教宝宝收拾、整理自己的物品，并将物品摆放有序，东西用过之后及时归位。家长经常对宝宝的自理能力加强培养，宝宝就会养成做事认真、细致、有头有尾的好习惯，还会增强责任感。

### 三、不要轻易满足宝宝提出的要求

许多父母总是过分疼爱宝宝，宝宝要什么就给买什么，这样宝宝习惯了什么要求都能从父母那里得到满足，便不会对自己的东西珍惜。当宝宝将东西弄丢后，父母不要立刻给买，这样能帮助宝宝改掉坏毛病。当然，父母也可再给宝宝买一次丢失的东西，同时告诉宝宝，这是最后一次，以后不会再买了，这样宝宝会对物品加以小心保管。

## 四、督促宝宝经常检查自己的东西

对于总爱忘带东西的宝宝，父母应在前一天晚上督促宝宝检查一下自己今天用过的东西，并整理好。这样，时间长了，自然会使宝宝改掉丢三落四的坏毛病。另外，家长还可以让宝宝多和一些细致的孩子交朋友，让宝宝跟一些做事麻利又细心的孩子在一起学习、玩耍，让他们之间相互影响和学习。父母还可与处事细致孩子的家长取得联系，多向他们取取经。

## 五、利用游戏改掉宝宝丢三落四的坏习惯

家长可以和宝宝一起玩玩下面的游戏，利用游戏帮宝宝改掉丢三落四的坏习惯：

大人和宝宝各拿一样东西，然后，大人和宝宝围着这些东西绕圈走，一边拍手一边唱歌（宝宝会唱的），歌曲一唱完，两个人就赶快去放自己的那样东西，必须放回原处，谁先放完，谁就赢了。

如果这个游戏宝宝已经完全没问题了，那么可以玩得稍微复杂一些。

游戏的过程基本一样，只是唱完歌曲后，要把对方的东西放回去，大人放宝宝拿的东西，宝宝放大人拿的东西。为此，自己在拿东西的时候，同时要注意对方是从哪里拿的，才能把对方的东西放回原处。若宝宝有困难，可以两个人一先一后拿东西，这样能看清对方是从哪儿拿的，待宝宝玩熟了，再同时去拿东西。

游戏要由简单开始，从拿、放一样东西玩起，逐渐增加物品的数量。先练习拿、放本房间的东西，以后可以发展到拿、放其他房间的东西。在游戏中，要让宝宝多得到胜利，以调动积极性，为此，大人要让着点儿宝宝，但不能让

宝宝察觉出来。

这个游戏既能培养宝宝养成物归原处、不丢三落四的好习惯，又能锻炼宝宝的辨别能力和记忆能力。

# 玩水有什么不可以
## ——让宝宝懂得节约水电

多多特别爱玩水，每次从外面回来，都要借着洗手的名义，拧开水龙头乱玩一通。妈妈对此很生气，反复告诫多多："宝宝，用水要节约。要是每个小朋友都像你一样浪费水，那再过几十年——就是你像妈妈这么大的时候，地球上就要没有水用啦！"妈妈一番良苦用心的劝导，并没有引起多多的反思。多多反而问道："玩水有什么不可以？如果将来真的没有水了，我可以喝可乐，洗澡洗手我就用牛奶……哈哈！"

妈妈不想跟多多再争辩下去，厉声训斥道："洗完手快走，别玩了！"

多多冲妈妈做个鬼脸，跑出了卫生间。

这天，隔壁邻居刘阿姨的儿子晓晓过生日，多多和晓晓是好朋友，所以应邀去参加生日宴会。刘阿姨家刚刚装修完，灯、墙壁和地板都特别漂亮。

在多多和晓晓玩耍的时候，刘阿姨和多多妈妈两人说起了育儿经来。

“多多这孩子太浪费水了，每次洗手都要玩水。”多多妈妈道出了自己的苦恼。

“孩子的天性就是爱玩水！你多教育教育就好了。不像我儿子，特别爱玩电灯，这不，家里刚装修好，装了很多壁灯、洞灯，各种颜色都有，亮起来是挺漂亮的，我儿子大白天就喜欢拉上窗帘打开这些灯看，真是受不了，说他也不管用。”刘阿姨气恼地说道。

“那你说这两个孩子怎么办啊！总不能这样浪费下去啊！”多多妈妈说。

“这样吧，你不是有个亲戚在自来水厂嘛，星期天你让他过来坐坐，给两个孩子讲讲水的故事，说不定两个孩子听了以后就知道水来之不易，应该节约了。”刘阿姨给多多妈妈出主意。

“也好，反正我正想让他过来玩玩呢，好久没见面了。对了，说起电，我记得多多有一本童话书，叫《电灯，电灯》讲的就是电的故事，要不我拿给你看看，不知道对晓晓有没有帮助。”多多妈妈说道。

“好啊！唉，真希望两个孩子早点儿改掉坏毛病。”刘阿姨叹口气说道。

## 寻根究底 ?

正如故事中的刘阿姨所说，爱玩水是孩子的天性，能充分发挥宝宝的创造力和想象力，而且对发展宝宝的智力有帮助。对于两三岁的宝宝来说，无形的、千变万化的水会给他们带来无限的想象——水是无色透明的流动性液体，看得见，摸得着，但抓不住，真是神秘莫测，对宝宝来说是非同一般的玩具，简直就像变魔术一样！也正是因为水给宝宝带来了无数的谜和乐趣，所以大多数宝宝都喜欢玩水。

对于电来说，很多家长一定遇到过这种情况：还不会走路，宝宝就开始坐在爸爸妈妈腿上敲打电脑键盘捣乱；刚会爬的时候，宝宝一抓到电线、网络线就拉；等到会走了，宝宝就喜欢把小手往电器插座的孔里伸！只要大人们一个不注意，宝宝就“嗒、嗒、嗒、嗒”地连续按动电源开关……宝宝对一切新鲜的东西都很感兴趣，对于电，他们也是一样，所以家长要理解宝宝爱玩电是因为兴趣所致。

## 给您支招

虽然玩水、玩电是宝宝与生俱来的兴趣，但是节约一直是中华民族的传统美德，是可贵的品质，家长应该教会宝宝节约水电。

### 一、告诉宝宝为什么要节约水

也许当你告诉宝宝每一滴水都很珍贵的时候，宝宝会反问：“不就是一滴水吗？能干什么？在农村，从井里打水还不用花钱，为什么还要节约呢？”这时候你就要好好儿耐心地告诉宝宝，为什么要节约水。在这里一定要注意，要用宝宝感兴趣、听得懂的语言对宝宝讲道理，不要像多多妈妈说“几十年以后就没有水了”，这种抽象的概念宝宝很难理解。家长可以给宝宝说说“好习惯故事屋”里关于水的故事，也许会让宝宝有所改变。

### 二、洗澡时让宝宝尽情地玩水

前面已经说过，玩水是宝宝的天性，一味地禁止宝宝玩水是不行的，家长可以趁着洗澡的时候，让宝宝尽情地玩水。

父母在给宝宝洗澡的时候，可以用各种大小、形状各异的勺、瓶、壶、桶等器具让宝宝舀水、盛水，在玩水的过程中，孩子会自然了解到各种盛水器皿的大小；或者准备一个大的塑料盆，把小皮球、塑料球、小铁球、小木头、用乌贼鱼骨制成的小船等一一投入水中，告诉宝宝各种物质的沉和浮；也可以给宝宝一块海绵放入水中，虽然沉下去，但捞上来一挤，水又被挤出，这一现象更能增添宝宝的兴趣……

另外，有适当的时间和机会的话，家长可以带宝宝去大海边玩一玩，看看蔚蓝的海水，可以让宝宝带着玩水用具——小鸭子、铲子、小桶等。如果旁边有大大小小的孩子，父母要鼓励孩子们一起游戏，只要保护好宝宝的安全就可以了。相信这些如画儿一样的场景将会保留在孩子的记忆深处，给孩子留下最美丽的回忆。

### 三、让宝宝知道电是怎么来的

首先，家长可以问问宝宝，电有什么用。宝宝会回答很多，比如：电可以点亮灯，开动电脑，让冰箱、空调、电风扇工作等。父母这时候就可以就势说："电的用途很大，所以我们国家用了 1800 亿元建设了一个发电站（三峡水电站），你知道 1800 亿元有多少吗？宝宝你认识 100 元的钱吧，1800 亿元就是整个房间堆满了也放不下。国家用这么多钱来发电，我们是不是要节约呀？"一般来说，宝宝对钱有概念，知道 100 元能买很多东西，这种用宝宝能有感性经验的例子来告诉宝宝道理比较有说服力。另外，有条件的父母可以购买一本供宝宝阅读的关于电是怎么来的故事书，也会对宝宝有很直接的帮助。

### 四、正确引导宝宝的玩电行为

宝宝爱玩电，家长应该采取哪些措施呢？首先要确保宝宝的安全：把家里的开关换成防触电开关，让使用老式插头的家用电器一律"下岗"，并检查防触电开关的灵敏度，确保接地线的畅通性。保持地板的干燥，在没有地板的厨房、卫生间铺上防电垫子，把暴露在外面的电线尽可能移至家具背后，加固电脑插件……

其次，要知道宝宝为什么爱玩电，如果像故事里的晓晓一样，那么可以大概推测，他是因为家里刚装修完，新鲜劲儿还没过，所以不停地开电灯。家长可以针对宝宝的这一心理转移宝宝的新鲜感，情况就会有所改变。总之，家长要对症下药，正确引导宝宝的玩电行为。

# 我不是故意撕坏的
## ——让宝宝学会爱护书籍

宁宁现在两岁四个月大，非常喜欢看书，也爱缠着爸爸妈妈给她讲书本里的故事。可是她看书的时候，总是把书给撕坏，再好的书到她手里超不过一个星期就会面目全非。

爸爸妈妈为此跟她讲过很多次道理，甚至还吓唬过她。每次吓唬过后，宁宁总说："我不是故意撕坏的。下次，我再也不会把书撕坏了！"其实，宁宁也知道撕书不对，但总是控制不住自己。爸爸妈妈都很无奈。

一次，妈妈在散步时碰到一位很有经验的老师，向他请教这个问题。那位老师说不如采取这个办法：给宝宝的书一种可以让他撕着玩，一种不可以撕，让她明白书是用来学知识的，需要尊重。

妈妈一听这倒是一个好办法，可是，这学知识的书家里有的是，专门用来撕着玩的书上哪里去找呢？难不成还真的要专门去买好书给宝宝撕？因为这个原因，老师的这个"良策"一直无法顺利执行。

一个偶然的机会，妈妈办了某超市的会员卡。超市每次做特价前都会给妈妈寄来特刊——一沓花里胡哨的纸订成的"书"。这"书"的纸质比较薄，宁

宁很容易就能撕破，还会用撕碎了的纸条像玩拼图一样对号入座，玩得很投入。她不但撕着玩，还用来练剪刀功，真是充分利用了这些书。

妈妈看在眼里，喜在心上，终于找到这种可以撕着玩的书了。因为这书不用钱买，又没什么保留意义，妈妈决定用这些书做宁宁专门用来撕着玩的书。

一天晚上，妈妈专门和宁宁谈话：“宁宁，妈妈现在给你立一个新规矩。你不是总是忍不住要撕书吗，妈妈专门给你准备了可以撕的书，放在房间的角落里，你要是想玩了就去拿那里的书。另外那些妈妈放在书柜里的书是用来读故事、讲知识给你听的，不能撕，明白了吗？”

“知道了！”宁宁很开心，终于不会因为撕书老挨妈妈的骂了。

## 寻根究底 ?

在宝宝的成长过程中，有时会玩、揉捏、撕破纸张，甚至还会把纸放到嘴里吃。其实，宝宝很少会刻意地撕书，书之所以被撕破，大半由于下列原因：

第一，生理需求。两岁左右正是宝宝手的精细动作发展的关键时期，他们需要通过反复的操作性的学习来促进精细动作的发展，让手有活动的机会，如撕纸、折纸、剪纸、串珠、拿物等。但宝宝的肌肉尚未发展健全，没有能力一页页地翻书，加上有些书纸张太薄，宝宝稍一用力，书就撕破了。

第二，好奇心。宝宝是想通过自己的努力改变某些事物，从而满足自己的好奇心。比如宝宝很好奇撕纸的时候所发出的声音，他们很想听到这美妙的声音，所以他们会反复撕纸；宝宝看到吸引人的图片，好奇兴奋之下，想把它抓出来一窥究竟；对书籍的装订好奇，想拆下来看看等，都是宝宝撕破书的原因。

第三，不喜欢某本书。宝宝撕书也可能是情绪的宣泄，有时候，爸爸妈妈给宝宝的书不适合他的年龄，他不喜欢，觉得没什么好看时，也会想个有趣的法子来变通，那就是撕。

第四，不知道书的用途。很多家长给宝宝买的故事书都是文字书，是专门来读给宝宝听的。对于宝宝来说，很爱听故事，但不知道妈妈讲的故事是从书上看的，只知道是妈妈嘴里讲的，所以不知道书的用途，导致撕书的情况发生。

总的来说，撕书和纸就像宝宝学说话和走路一样，也是宝宝的学习过程。在这个过程中，父母不需要过多地担心，正确地引导宝宝就可以了。

## 给您支招

爱撕书的宝宝确实有些让家长头疼，一方面想多给宝宝买些好书，开发宝宝的智力；一方面又怕宝宝把好好儿的书给撕掉。下面几个建议也许能够解决父母的燃眉之急：

### 一、把书分类归置

家长可以像故事中的妈妈一样，明确地告诉宝宝哪些书是可以撕的，哪些书是不可以撕的，把书分类归置，可以避免撕书情况的发生。另外，爸爸妈妈可以给宝宝一个专门存放书的书柜，让宝宝知道不能撕的书放在哪里，进而主动保护自己的书。

### 二、为宝宝办张借书卡

别以为给两三岁的宝宝办借书卡是很荒唐的事情，虽然宝宝不会借多少回书，但是可以让宝宝去那里感受气氛，培养爱书的习惯。而且，图书馆的书都是要归还的，所以可以有效改变宝宝爱撕书的习惯。

### 三、和宝宝一起买书

每次给宝宝买书时，家长可以带着宝宝去，让他挑选喜欢的书。买回书以后，家长可以教宝宝包好书皮，最后还让他自己为每本书编上号。另外，如果宝宝爱画画儿，家长可以鼓励宝宝为每本书设计封面，并盖上他的小图章。这样，图书上有宝宝的劳动成果，他就对图书特别爱惜了。这个方法不仅保护了图书，而且还锻炼了宝宝的小手，让他学会管理自己的东西。

### 四、为宝宝多做爱护书的表率

大人对待书的方式往往对宝宝有很大的影响作用，因为宝宝很喜欢模仿。大人拿书的时候要小心注意，轻拿轻放，做出表率。时间长了，宝宝就会潜移默化地受到影响。

### 五、让宝宝感受撕书的后果

当父母明确地告诉宝宝“书是不可以撕的”之后，宝宝还是把好书撕破的话，除了抢救书外，父母还要让宝宝承受撕书的后果：“真可惜啊！你把书撕了，故事就不完整了，我们只能听一半的故事，后面发生什么就不知道了。”宝宝最爱听故事，家长可以有意地只讲一半故事，告诉宝宝后面的故事被撕掉了，相信宝宝的内心会有所触动，逐渐会改变撕书的坏习惯。

### 六、和宝宝一起把撕掉的书粘起来

已经撕坏的书不要随意丢弃，爸爸妈妈可以准备一些补书的材料，如胶水、透明胶带之类的，和宝宝一起把书粘好。大人要一边粘一边告诉宝宝，不能撕书，因为书会痛的，还可以轻轻拉拉宝宝的小胳膊，问他“难受不难受，疼不疼”，让宝宝感受到书被撕时的疼痛。同时，补书还可以让宝宝知道要对自己做的事情负责任。

### 七、和宝宝一起撕

破得无法再补的书，大人可以和宝宝一起把它撕掉。一岁半以后，宝宝的手部动作更精细了，家长可教宝宝撕一些简单的物体轮廓，如太阳、月亮、正方形、三角形等，由易到难，循序渐进，以后再撕一些比较复杂的物体形象，并将作品粘贴后保存。这种做法，有益于训练宝宝手部动作的精确性和感觉的灵敏度。

# 妈妈，我……我……我
## ——让宝宝说话不结巴

一天没见着女儿，妈妈回家以后发现西西结巴了！

妈妈刚打开门，西西就奔过来：“妈妈，我，我，我……”妈妈很奇怪，以前是相当为西西的语言能力自豪的，今天西西怎么了？

妈妈说：“西西想说什么？慢慢说！”

“妈妈，我，我，我，今天去了，去了，去了商场买新鞋！”西西终于把话说出来了！

晚上，妈妈和爸爸谈起这件事，爸爸也有同感。爸爸仔细思考为什么女儿会结巴，是不是和她玩耍的小朋友中有结巴的？妈妈马上就否定了，西西所有的小伙伴她都很熟悉，没有结巴的。

那这是怎么回事呢？带着疑问，爸爸妈妈一晚上没睡好。

第二天是星期天，爸爸妈妈带着西西去了公园。爸爸妈妈想再观察一天，看看西西结巴的情况。令爸爸妈妈失望的是，西西说话仍然是结结巴巴的不流畅。西西玩得特别开心，可爸爸妈妈却一天都眉头紧锁。

晚上西西睡着以后，爸爸妈妈讨论起西西结巴的事情来。

“要不，明天我带西西上医院去看看？”妈妈说。

“可以是可以，但我怕影响西西。西西那么害怕去医院，别本来没什么大不了，一到医院弄得西西怪紧张的，会更结巴！”爸爸有些反对。

“那怎么办，咱们家没有结巴的遗传啊，怎么西西就结巴了呢？”妈妈苦恼极了。

“这样吧，我上网查查资料，看看幼儿突然结巴是怎么回事。”爸爸说。

妈妈和爸爸一起坐在电脑前。一个小时以后，两个人都舒了一口气，原来结巴是幼儿语言发展的正常阶段，不用太着急，平时和宝宝说话时注意方法，等宝宝再长大一点儿就好了。

爸爸妈妈安心了，觉得养孩子真是一门学问，以后得经常补充知识才行！

## 寻根究底 ?

不少家长在宝宝两三岁时都会焦虑地询问，宝宝怎么口吃了？宝宝出现结巴现象，一般有以下几种原因：

第一，正常现象。结巴是很多宝宝学习语言过程中都会出现的一种现象。两三岁的宝宝大多会有一个说话结巴的过程。因为这时的宝宝智力发展很快，思维也很活跃，知道了许多知识，也有了自己的想法，但他们的词汇量还不够，不能准确而迅速地将自己的意思表达出来，在急于表达时，就往往会在某个词上重复，让人听起来结结巴巴的。最常出现的词有：他想得到什么或反驳什么时，喜欢重复“这这这”或“我我我”；想要说明什么，则喜欢重复“这个这个”或“那那那”。这在成人中也是存在的，并不是真正意义上的结巴。有时一句原本可以完整说出的句子，却被宝宝结结巴巴地说出来，这并不能说明宝宝结巴。这通常只是一种暂时现象，过一段时间再说这句话时，宝宝又能完整地说出了，这同真正的结巴者是有区别的。

第二，模仿别人所致。有些人小时候喜欢模仿别人结巴逗乐，以致慢慢地真的变成了结巴。两三岁的宝宝开始进入语言学习的关键期，喜欢对周围人的语言习惯和表达方式进行模仿，尤其像结巴这样的语言行为，宝宝会觉得很好玩儿，更加喜欢模仿。有些家长看到宝宝喜爱模仿，认为宝宝有表演方面的才能，简单地对宝宝的模仿行为大加赞赏，甚至给予强化，渐渐地，宝宝便出现了结巴的现象。

第三，受到了惊吓。过分紧张或精神上受到惊吓，也会导致宝宝结巴。宝宝结巴与家庭环境关系密切，如，父母离异，对宝宝的心理伤害最大，对未来生活不安全的预期，容易让宝宝产生自卑心理，会引发结巴；父母关系不和睦，家中成员语言粗暴，家庭氛围紧张，对宝宝要求苛刻，经常斥责宝宝，用惩罚的方式对待宝宝的行为，对宝宝的缺点加以嘲笑，都容易让宝宝产生结巴；有时，一些突发性的恐惧事件，也会让宝宝受到惊吓，产生恐惧心理，这种情况下，结巴可能在宝宝感到惊恐的当时就发生了，也可能在受惊吓之后先是沉默，之后再出现。

第四，父母的要求过高。父母在行为上要允许宝宝以小宝宝的方式行事，如果过高地要求宝宝保持整齐、洁净，表现得有礼貌、安静和服从，宝宝会产生心理冲突并在其他方面表现出来，往往表现为语言障碍——结巴，甚至不愿说话。因为说的话与宝宝自己所想密切相关，其心理状态会影响到语言的流畅表达。

第五，遗传或先天疾病。遗传因素和先天疾病也是宝宝发生结巴的原因。除宝宝自身的心理特点和家庭环境的因素之外，有结巴家族史的宝宝，更有可能成为结巴患者，结巴患者后代的结巴发病率约达 65%。此外，结巴还与遗传、大脑两半球优势或某种功能障碍有关，与语言神经末梢缺陷也有关系。不过，因遗传因素和先天疾病导致的结巴所占比例较少，在结巴的宝宝中，大概有 25%属于这种情况。

## 给您支招

那么，当宝宝说话结巴时，爸爸妈妈应该怎么办呢？

### 一、对待宝宝结巴的错误方法

应提醒家长注意的是，在发育过程中如果经常出现这种现象或处理不当的话，很可能使宝宝成为真的结巴。

错误处理方式之一：无动于衷。宝宝结巴时，家长根本不予纠正，当宝宝经常遇到某些问题表达不清时，就会形成一种定势，一遇某个词，便结巴起来。

错误的方式之二：呵斥、打骂宝宝。本来，宝宝结巴是无意识的，家长不予强化，宝宝自己并不自觉。但有的家长，听到宝宝说话时结结巴巴的，就会大声呵斥宝宝，甚至会模仿宝宝结巴的样子，斥问宝宝：“为什么这么说？”使宝宝突然意识到，我原来是这么说的！当宝宝再说此句话时，可能又犯同样的毛病，久之便可能发展为结巴。打骂不仅起不到制止作用，还会为宝宝留下更深的印象。

错误方式之三：嘲笑宝宝。当宝宝出现结巴时，父母绝对不可嘲笑他，那样会更加伤害他的自尊心，使他对讲话产生恐惧，从而变得缄口不语或使结巴行为变得更为严重。因为宝宝正在学习和尝试用语言表达自己的想法，说得不对或不好的时候，嘲笑会增加宝宝的紧张和不安。

### 二、学会倾听宝宝说话

宝宝说话时父母要注意倾听，毕竟谈话是双向的：一方说，一方听。如果父母注意认真聆听宝宝说的话，宝宝会大受鼓舞并有受重视的感觉。而日常生活中，很多时候宝宝被排斥于大人们的谈话之外——比如吃饭、客人来访、妈妈接电话等时候，父母应该注意谈话时尽量把宝宝带进来。

不少父母喜欢强迫宝宝在陌生客人面前唱儿歌或表演。这时宝宝对开口说话有一种很强的自我意识，会显得很不自然，可能会有点儿结巴。而一两个对他很友好的客人或他很熟悉的邻居愿意做他的忠实听众，认真地听他说话时，他会很乐意把自己脑子里所想的东西流畅地说出来。

### 三、让宝宝再说一遍

纠正的方法很简单，当听到宝宝哪一句话结巴时，可以等他说完以后，家长先清楚地、连贯地将这句话说一遍，并让宝宝重复。在没有急迫表达的压力下，宝宝往往会很好地说完这句话。一般来说，经过三个月左右的训练，宝宝就不会再有明显的结巴现象了。

此外，还可用做游戏、念儿歌、说绕口令等形式，训练宝宝连贯说话。让宝宝在享受游戏的同时，不知不觉地将结巴的毛病改掉。

### 四、当好宝宝的第一任老师

宝宝发音说话的第一任老师是父母，父母要抓住宝宝学语言的关键期，从小对他进行正确的口语熏陶和训练，尽量让宝宝单字、单词发音准确，不要使用“果果”“蛋蛋”之类的儿化语，遇到宝宝发音不准时应慢慢引导，不要对他喋喋不休地批评，造成宝宝不敢说话的局面，最终形成结巴。

## 五、为宝宝创设良好的语言环境

宝宝学习口语的手段主要是模仿，模仿最多的人是他的父母和家人。在大脑皮质的控制下，通过听觉反馈，不断地按照父母（或接触时间长的亲人）的样子学习发音，最后形成与父母（亲人）有相同特色的语言。宝宝的语言发展取决于后天的语言环境，这要求与宝宝经常接触的人要吐字清楚，发音准确。只有这样，才能对宝宝的口语产生潜移默化的积极影响。因此，成人在同结巴的宝宝说话时，要注意语言的轻、柔、慢，不要随意中断说话的句子，让宝宝模仿成人的语气进行学习。

# 培养宝宝良好的社交习惯

## 这是我的玩具，你不许玩
### ——让宝宝学会分享

健健今天格外高兴，因为表哥隆隆要来家里住一晚上，他可有了一个好玩伴啦！隆隆虽然是哥哥，但只比健健大两个月，两个孩子一般大，所以玩起来很投机。

一上午，两个孩子格外亲热。可是到了下午，竟然爆发了一场战争。两个孩子为抢夺一个变形金刚而面红耳赤，拳脚相加。

“这是我的变形金刚，你不许玩！”健健大声说道。

“你还有那么多玩具，给我玩玩不行吗！”隆隆也不示弱。

“不行，你不会让你妈妈买啊，老玩别人的东西，羞羞羞！”健健一边说一边指着隆隆。

“你才羞羞羞呢，你这个小气鬼！小气鬼，羞羞羞！”隆隆的嗓门越来越大。

健健听见隆隆说他小气鬼，生气极了，就推了隆隆一把。隆隆也不是好惹的，踹了健健一脚，两个孩子你一拳，我一脚，打了起来。

本来妈妈想让年龄相仿的他俩自行解决，没料到战争不断升级，大有愈演愈烈之势，最后只能由妈妈出面调停了。

“都别说话！隆隆，你告诉我怎么回事。”妈妈问道。

隆隆把来龙去脉说了一遍。妈妈心里有主意了。

“你们把自己的玩具都找出来，我给你们的玩具分分家！”妈妈说道。

两个孩子当时一愣，不知道妈妈的葫芦里卖的什么药，只得乖乖地去玩具箱找出自己的玩具，放在跟前。

妈妈仔细清点了一下，说：“你们俩每人各五个变形玩具，还不知足，又想抢夺对方手里的，你们想过没有，你们抢半天无非多了一个玩具，我有一个好办法，能不费吹灰之力而享受到十个玩具的快乐！”

两个孩子好奇地睁大眼睛。

妈妈将两堆玩具合到一起：“你们把自己手里的玩具和对方一起玩，这样就能玩到十个玩具了，岂不比抢夺要省劲得多？”

健健和隆隆似乎明白了，很快两人又玩得兴高采烈起来。

## 寻根究底 ?

现实生活中，我们都有一个深刻的体会：现在的宝宝什么也不缺，却越来越小气，越来越独，越来越自私，不和别人一起分享，不会有福同享，别人的就是自己的，而自己的决不给别人。其实，小宝宝不肯与人分享是很自然的，是这个年龄段宝宝的共同特征。说明宝宝珍惜自己的东西，而且很小的宝宝常常认为凡是能够得到的东西都是属于自己的。但是家长还是应该引导宝宝与人分享，因为这种小气虽不是什么大毛病，但如果家长不及时地进行纠正，宝宝将成为一个不愿与他人分享、独占意识很强的人，那么他很难与别人形成良好的人际关系；更不会和别人进行友好合作，从而注定在竞争激烈的社会里被淘汰。所以，从小培养宝宝与他人分享的意识很重要。

## 给您支招

与人分享不是自发的，家长必须教给宝宝怎样去做。

### 一、让宝宝明白分享不是失去

宝宝之所以不愿与人分享，是因为觉得分享就是失去。家长应该理解宝宝这种难以割舍的痛苦，让他明白自己对别人关心帮助后，别人也会回报自己同样的关心与帮助，这样彼此关心和爱护，大家都会觉得温暖而快乐。

### 二、用心理暗示教会宝宝分享

一个三岁的女孩问妈妈："橘子为什么是一瓣一瓣的呢？"妈妈说："橘子是在告诉你，'我长成这个样子，就是希望你能和大家一起来分享我，而不是一个人吃哦'。"这就是一种很好的暗示，暗示宝宝要学会分享。

在平时的生活中，每当宝宝吃什么，家长可以先把东西分成几份，家里人一人一份，并且让宝宝给长辈们拿过去。比如你切开一个西瓜，可以这样告诉宝宝："宝宝，把这块西瓜拿给妈妈。""把这块递给爷爷。""宝宝，给妈妈吃一口。"这都给宝宝造成"好东西要分享"的心理暗示。

家长要多给宝宝提供为大家服务的机会，如吃东西时，让宝宝进行分配等，多鼓励宝宝参加活动，让他在与同伴共同活动时分享快乐。

## 三、千万不要忘了及时表扬

当宝宝决定与他人分享后，家长应当及时给予适当的肯定，让他意识到自己做了一件被大家赞美的事情，加强他与别人分享的意识。每当父母看到宝宝把自己的玩具给别的小朋友玩或者把自己的零食拿给周围的小孩吃时，要不失时机地夸奖宝宝，“宝宝懂事了，能与别人分享玩具，真让妈妈高兴。”“你能和小朋友分享糖果，真是好宝宝。”这样他的分享行为就会得到及时的强化，从而给他留下深刻的印象，这是培养良好行为习惯的重要方法。如果良好行为没有得到及时强化，宝宝就不会留下什么印象，这种偶然出现的良好行为就会减退或消失。

但是有的时候，宝宝的分享行为也会受到打击。比如，有的小朋友把他的玩具弄坏了，这样就会给宝宝带来不愉快的体验，可能他就不再乐意和别人分享了。如果遇到这种情况，家长要积极引导，教给宝宝与人分享的技巧，告诉他在把玩具给小朋友玩的时候可以提醒小朋友小心，不要把玩具弄坏了等。

## 四、给宝宝留些独享的空间

很多宝宝愿意在别人家玩人家的玩具，但是让他拿出自己的玩具，他就不乐意了。如果是这种情况，父母在小朋友到家里玩之前，允许宝宝决定哪些特殊的玩具不给小朋友玩，给宝宝一点儿保留的空间，让宝宝挑选几样他愿意让别人玩的玩具，告诉他不要担心玩具被弄坏。这样当他无条件地与别人分享东西时，能感到自己对这些东西仍有控制力，就会乐意把玩具拿给别人玩了。

# 我就是欺负你
## ——让宝宝不欺负弱小的伙伴

平平是个女孩，却总爱和男孩一起玩。一开始，由于是女孩，平平总是受男孩的欺负，被人骂，被人打，妈妈看了很心疼，便找那些男孩的家长去理论。渐渐地，平平融入了群体中，没有人再欺负她了。可是后来，发生了妈妈意想不到的事情——平平竟然开始欺负别人了。

一开始，妈妈以为平平是懂得自我保护了，并没有太在意。可有一次妈妈看见了平平和小朋友相处的情景，便明白了事情的严重性。

这天，妈妈带着平平去玩滑滑梯。平平见到那些比她大的孩子，就跟在人家后面追着叫哥哥，想让哥哥们带她一起玩；可是见到比她小的（个头小的）孩子，离着几米远，就大声喊叫，像是在吓唬别人。

当她玩滑梯的时候，有一个小弟弟也上来玩，平平上去就给人家一巴掌，把那个小弟弟都打蒙了，而后放声大哭。妈妈赶忙跑到事发地点，让平平给小弟弟道歉。平平无奈，只得握握小弟弟的手，说："对不起！"然后一溜烟儿就跑了。

妈妈无奈地摇了摇头，知道平平只是逢场作戏，做做样子给大人看。

不一会儿，妈妈又听见一个小朋友在哭，寻声望去，居然是平平抢了人家的玩具，那个小朋友正委屈地窝在妈妈怀里诉苦呢！妈妈赶紧跑过去，打了平平的屁股一下。被欺负的小朋友的妈妈说："好好儿管管你们家孩子，欺负我们家孩子不是一天两天了！"

平平听后对着那个孩子嚷道："我就是欺负你，就是欺负你！"然后又跑开了。

妈妈连忙替平平对那位小朋友和他妈妈道歉。那个小朋友的妈妈说道："瞧你们家孩子，怎么说话呢！有一次我儿子看她的自行车漂亮，摸了一下，她回头就是一巴掌！这孩子怎么这样啊！我也不想和孩子多计较，你这个当妈妈的得多教育教育了！"

看着一开始被人欺负，后来欺负别人的平平，妈妈一边叹气一边摇头，真是不知道怎么办好！

## 寻根究底 ?

对那些在体力或情感上比自己弱小的人表示敌意或做出进攻性的行为，就是欺负人。其结果会导致受伤害者痛苦和忧愁。国外将欺负人的行为概括为以下几种形式。

一、肉体上的欺负：主要表现有踢、打、掐、咬、揪头发和威胁。

二、语言上的欺负：常常与肉体上的欺负同时出现。包括骂人、散布谣言、嘲弄等。

三、情感上的欺负：将受欺负的宝宝与小朋友隔离，不让小朋友跟他玩。

为什么有的宝宝会欺负人呢？

宝宝不会生来就打人，一定是有外在因素的影响。可能是父母经常吵嘴、打架，宝宝深受熏陶；还有看到小朋友和邻家的宝宝打人，觉得有趣，于是也学他们的样子；宝宝的好奇心强，喜欢探索，打人不是想要得到什么，而是想试探一下打人会引起什么后果；还有的父母怕宝宝在外面被欺负，有意教宝宝“谁要打你，你就打他，咱不能吃这个亏”；有些爱欺负人的宝宝本身可能曾多次受过别的宝宝的欺负或者把欺负别人作为一种对付逆境的方式；爱欺负人的宝宝通常都把跟别人过不去作为一种乐趣，通过挑衅行为，让别的宝宝都服他。但不论什么原因，爸爸妈妈都不应忽略。既不能认为宝宝还小，打人不会造成什么后果，就不予以制止，也不能一看到宝宝打人，就一味训斥、打骂，使其在家长的放纵或适得其反的教育下越变越坏，养成恶习，最后变成一个专门欺侮弱小、蛮不讲理、只用拳头说话的人。

## 给您支招

吵架、打架是宝宝成长过程中的必修课，如果你的宝宝是一个爱欺负别人的小霸王，那么你该怎么办呢？

### 一、言传身教

宝宝的许多行为是通过模仿外界而得来的，父母如果总是争执、打闹，宝宝逐渐会模仿父母的这种行为。所以，爸爸妈妈要注意自己的言行对宝宝所产生的影响，并注意为宝宝选择品行好的小伙伴在一起玩耍和游戏，以消除对宝宝潜移默化影响的不利因素。

## 二、正确引导宝宝的自卫心理

宝宝被人欺负后，心里会很不舒服，有时立即会产生报复的心理。父母要帮助宝宝正确地理解自卫，教育宝宝不要动手打人，更不要主动攻击别人。当宝宝说出自己的感受后，父母要做正确的引导，可以这样说："小朋友撞了你，你很疼，你便打他，他不也同样会很疼吗？"

## 三、让宝宝意识到自己的错误，并学会主动道歉

如果宝宝在外面欺负了别人，父母应保持冷静，问明缘由后，要教育宝宝在遇到问题时应采取非暴力方式解决，不得使用带有攻击性的言词或行为。让宝宝知道不管缘由是什么，动手打小朋友是不对的。父母还可以利用故事、儿歌及其他形式向宝宝灌输道理，讲解行为标准，让宝宝明白，打人是一种野蛮行为，人与人之间应该和睦相处，互相帮助和爱护，经常打人的宝宝是交不上好朋友的，就算自己是无意的，也应向小朋友道歉。

## 四、经常带宝宝接近大自然

宽阔的天地会培养宝宝平和、宽容的心态，所以，多让宝宝接近大自然是一种不错的放松方法。许多脾气暴躁的宝宝到了大自然里，会变得天真、温和。

## 五、适当地惩罚宝宝

如果宝宝好打人的毛病通过教育一时还难以改正，家长还可以采取短时间地剥夺其游戏权利或将好吃的食品、好玩儿的玩具暂时没收的方法，使宝宝认

识到打人对自己、对别人都是不好的，别人都不喜欢，只有不打人了，才可以得到原来的权利。所以，利用适当的惩罚可以帮助宝宝改正缺点。

另外，当发现宝宝有所改善时，家长应及时给予表扬，让宝宝明白，父母除了不喜欢他那种欺负人的行为以外，还是很爱他的。

# 我叫茜茜……
## ——让宝宝学会积极主动地交往

茜茜在家特别活泼，不停地想着怎么和妈妈玩，嘴里经常叫嚷着："妈妈，过来一起玩，你来演小黑熊……"可是一到了外面，她总是一个人站在角落里，不敢去参加小朋友们的游戏。妈妈看到孤单的茜茜心里很着急，可怎么办好呢？

有朋友建议妈妈去亲子中心试试，那里有很多小朋友，还有专门的老师，没准儿能帮助茜茜。妈妈欣然前往。

在亲子活动时，别的宝宝都高兴地给家长表演唱歌、跳舞，只有一个宝宝不唱，那就是茜茜。茜茜妈妈找到老师，问茜茜的表现如何。老师说茜茜很老实、听话，也很想与人交往，但缺乏积极主动交往的技巧。接着，老师又教了茜茜妈妈一些小方法：先让孩子在家里积极主动地与人交往，交到几个知心朋友，再到外面的环境结交更多的朋友，一步一步帮助茜茜进行改善。

这天，妈妈打算按照老师教的方法试试。

一大早，妈妈就去超市买了很多小朋友爱吃的小零食。茜茜起床后，妈妈告诉茜茜，今天有三个小朋友要来家里玩，让她想想怎么跟小客人介绍自己。

这三个小客人是妈妈特意挑选的，都是小区里性格较好的宝宝，喜欢和新朋友一起玩，不会欺负新朋友。

“叮咚……”门铃响了。妈妈赶忙过去开门，把三个小朋友和他们的妈妈迎了进来。三个小朋友在家里也被妈妈教育过：“要好好儿带着小妹妹一起玩，别让她一个人待着。”

三个小朋友来到了茜茜面前，妈妈对茜茜说：“你跟小朋友们自我介绍一下吧！”

“我叫壮壮！”个子较高的小朋友率先说。

“我叫子文！”“我叫罗珊！”另外两个小朋友不甘示弱，一起说道。

“我叫，我叫茜茜……嗯……”茜茜低着头不好意思地说。

“我们一起玩吧！”同样是女孩的罗珊拉着茜茜的手说。

这天，茜茜和三个小朋友玩得很高兴。妈妈也很满意这次家庭聚会。

一个月之后，茜茜和三个小朋友玩得很熟了，妈妈又带着茜茜来到了小区的小广场，那里有很多健身器材和儿童娱乐设施，很多小朋友在那里玩耍。茜茜刚到小区，壮壮和罗珊就迎了上来：“茜茜，和我们一起玩吧，可有意思了！”

茜茜看看妈妈，妈妈给了茜茜一个鼓励的眼神，茜茜高兴地和好朋友们一起融进了更多朋友的集体。妈妈远远地听见茜茜在自我介绍：“我叫茜茜……”

## 寻根究底 ?

每个宝宝都喜欢成人的爱抚、逗引和亲近，就是最初的“集体欲”。当宝宝精神上得到满足之后，身心才会健康成长。宝宝逐渐成长，这种集体欲就越强烈，特别喜欢和同龄宝宝一起玩，开始转向对社会性的需要。但是也有个别儿童不合群，这是不正常的现象。其原因可能是：

第一，一开始没有得到心理安全感。儿童从一出生就来到了人的社会之中。一岁以前宝宝主要跟父母或看护人生活在一起，最强烈的需要是吃奶、睡眠、爱抚等，这些方面的需要得到满足了，就会使宝宝感到来到这个世界是安全的，是值得信赖的。宝宝在别人那儿获得了安全感，才会自信地去探索更广阔的世界，去跟其他人交往。一般在二～五岁期间，除了父母之外，幼儿开始对年龄相仿的小伙伴感兴趣，见到小朋友总是表现得很兴奋。在一岁以内获得了安全感的宝宝，在两三岁期间，能够比较主动地跟小伙伴一起玩，反之则会出现不愿意与人主动交往的情况。

第二，过分依恋家中的成人。有些家长对宝宝过分宠爱，保护过严，从不走街串门，让宝宝待在家里的时间过长，或者把宝宝抚养和寄养在私人家里，因为宝宝从小没离开过成人的怀抱，所以适应环境的能力比较差。长大以后，这类宝宝会非常依恋成人，宁愿在家里和大人一起玩耍，也不愿意外出与其他陌生的小朋友一起玩。

第三，性格缺陷。有的宝宝天生比较胆怯，一见陌生人就态度不自然，不愿意主动找小朋友玩耍；有的独生子女，由于家长溺爱，养成任性、霸道、自私的性格，不能与小朋友友好相处，也是造成宝宝孤单很重要的原因。

总之，无论是什么原因，父母应激发宝宝活泼的天性，让他有一定的时间和伙伴们玩耍，因为在三岁以前能与小伙伴一起玩得很好的宝宝，在三～六岁这个阶段，便易于进入到幼儿园的集体活动中去，这对宝宝来说是一个重要的开始。

## 给您支招

我们都有过这样的感受：一个儿时善于交际的儿童在长大后会更好地立足社会；相反，一个儿时不善于交际的宝宝对其今后的发展会产生不利的影响。所以，父母在宝宝很小的时候，就要培养他们积极主动与人交往的能力。

### 一、给宝宝一个温暖的家

交往态度直接影响儿童交往能力的发展，那么，如何让宝宝有一个积极主动的交往态度呢？首先要给予宝宝一个充满爱的温暖家庭。父母和宝宝经常一块儿游戏和娱乐，在这种家庭中生活的宝宝从小就会有一种喜欢与人交往的态度，而宝宝在外遇到挫折和苦恼时，也会因有这样的家庭温暖而很快愈合。

### 二、为宝宝创设交往机会

家长要有意识地从小为宝宝创设交往机会：可以经常请邻居或亲戚、朋友家的宝宝到家里来玩或与朋友约好带宝宝到别人家玩，让宝宝经常接触家庭成员之外的人；也可以带宝宝探亲访友，或到郊外和公园去玩，在保证安全的情况下，多让宝宝与不同的小伙伴玩，鼓励宝宝与不同的人交往，和更多的人接触，从而在接触中练习交往，并体验交往的乐趣；甚至可以有意识地让两个教育观念、生活观念、价值观念相同的家庭组合，结成联谊家庭，使两个宝宝在相互促进的状态中共同成长，这种做法会对宝宝的成长有极大的促进，在某些方面弥补了独生子女家庭带给宝宝社会化成长的障碍；待宝宝年龄大些，可鼓励他与陌生客人说话，敢于独自去新地方办事等。

## 三、提高宝宝的语言能力

要交往，就要靠有效的语言沟通，口齿清楚、说话流利的宝宝与人交往的机会多，朋友也多，家长要多注意培养宝宝良好的语言理解能力和出色的语言表达能力：要让宝宝多听故事，多讲故事，多编故事，有意训练宝宝的语言表达能力；利用幼儿感兴趣的话题与他们一起讨论，或在日常生活中让宝宝经常讲述自己经历的事和所见所闻；另外，要多让宝宝接触大自然和社会，为宝宝的语言表达提供丰富的内容。

## 四、赶走宝宝的胆怯

胆小害羞的宝宝往往因为胆怯而不敢与人交往，结果仅限于很小的朋友圈子，变得越来越孤僻、退缩。家长要帮助这类宝宝赶走他们的胆怯。

首先，要给宝宝自信。胆小的人很少与人交往，并不是他们自恃清高，而是相反，他们往往认为自己是不可爱的，不受欢迎的，别人不愿与之交往的。如果他们形成了这样消极的自我概念，即对自我的一种稳定的认识，那他们在行动上就会有意无意地表现得让人很难接近，很难交往。其实当宝宝认为自己是可爱的、被别人接受的时候，他们就会表现得自信，而自信的人往往是可爱的，人们愿意与之交往的，而交往的人越多，就越会增加宝宝的自信，从而在别人面前就不那么胆怯退缩了。

其次，注意宝宝的身体语言。所谓身体语言，不是指口头表达的语言，而是我们的身体姿态、动作、表情向人们传递的信息。羞怯的人不好意思与人说话，与人面对时不敢看对方的眼睛，所以给人的印象是冷淡、闪烁其词，但实质上这种身体语言传递的信息是我胆怯，我害怕，我不安。但是，与之交往的人并没有注意到这一点，他们会把这种身体语言误解为冷淡、自负，从而避之千里，这会使胆怯者更加迟疑不安。其实，胆怯的人不与人打招呼或说话，并不是他们没礼貌或冷淡，而是怕说出不合适的话而已。美国心理学家阿瑟·沃默斯认为，只要将身体语言做些调整，就能产生令人吃惊的直接效果。家长可以教宝宝使用微笑、友善的对视、点头来使得外在印象亲切、随和。这些身体语言会使宝宝得到友好的回报，让他们觉得陌生人不再那么可怕了。

# 我不喜欢和女孩子一起玩
## ——让宝宝适当地参与异性间的游戏

一天，坤坤的阿姨领着女儿娇娇来坤坤家玩。一向很热情的坤坤这次对这个妹妹却有些冷淡。妈妈让坤坤陪妹妹一起玩，坤坤嘟起嘴巴说：“我不喜欢和女孩子一起玩！”妈妈有些尴尬，刚要批评坤坤，娇娇妈妈连忙说：“没关系没关系的，小男孩本来就和小女孩玩不到一块儿。”坤坤妈妈也只能笑笑了事。

坤坤为什么不愿意和娇娇玩？妈妈一直觉得很纳闷儿，于是便关注起坤坤平时玩耍的对象来。果然，坤坤总是和一群男孩子一起玩，女孩子那边连去都不去。

妈妈担心坤坤的心理有什么问题，便在晚上对坤坤爸爸说了这一情况。爸爸笑着说道：“孩子爱跟谁玩就跟谁玩嘛，管那么多干吗！他不爱跟女孩玩也好，你知道吗，我有个同事，他有个儿子，特别爱跟女孩一起玩，结果出了场闹剧。”

“什么闹剧？”妈妈好奇地问道。

“是这样的。我同事有一天正在家吃晚饭，住在对面的芊芊被她妈妈拽着闯了进来，生气地说：‘你们家儿子是个小流氓，亲我女儿！’同事莫名其妙。怒气冲冲的芊芊妈妈说了事情的原委，原来是这么回事：他儿子经常和芊芊一起玩，下午俩人玩过家家的时候，他儿子抱着芊芊亲了一口，这一幕正巧被芊芊妈妈看见了，于是便有了开头的那一幕。”

“抱着人家女儿亲了一口？真有这回事？”坤坤妈妈觉得不可思议。

“可不是嘛，从那以后我同事就勒令他儿子不许和女孩子一起玩。所以说，我们儿子不爱和女孩一起玩就随他去吧，不然，说不定给我们闹出什么尴尬事情来。”爸爸说道。

听了爸爸的话后，妈妈虽然嘴上不反驳，但心里还是有疑问：这孩子爱跟女孩玩可能会给家长惹麻烦，可不爱跟女孩玩也不一定是好事啊！她在这方面到底该怎么教育孩子才好呢？

## 寻根究底 ?

一般来说，男孩不爱跟女孩玩属于正常现象，家长不用逼迫孩子跟异性一起玩耍。但如果宝宝不是特别排斥和异性一起玩耍，那么，多让宝宝和异性一起玩耍也是有好处的。男孩和女孩由于性别不同会有不同的气质，女宝宝比较文静、温柔、细心，较会关心人；而男宝宝比较豪放、爽快、意志坚强，有主见，有忍耐力。宝宝在与异性的游戏中，可以学到一些对方身上的优点，这对宝宝将来的发展是有益处的。

生活中，我们也会遇到故事中爸爸同事的儿子和芊芊的情况，那到底是怎么回事呢？

大多数宝宝与异性伙伴拥抱亲吻，往往是一种纯模仿性的行为，他们用从大人那里学来的动作语言来表达这种天真的喜爱之情，实际上并不理解这种动作的真实含义。值得家长注意的是，如果家长发现宝宝有这种行为，千万不可大骂宝宝“下流”，这样的言辞会在宝宝的心灵中留下阴影。有的宝宝由于逆反心理促使，会更频繁地模仿这种动作；还有的宝宝会产生自卑感，从此不敢和异性伙伴游戏接触，导致日后人际交往的困难。

另外，知道这是宝宝天真的行为之后，家长切不可把宝宝之间的这种现象当作笑料宣传或采取无所谓的态度，这样会促使宝宝模仿，以为这是成人赞同的，久而久之，这种行为得到强化，给宝宝以后的心理发育带来不良的影响。

## 给您支招

宝宝与异性相处过密不好，过疏也不好，家长要调整好心态，注意言行，把握好宝宝与异性相处的度，让宝宝适当地参与异性间的游戏。

### 一、如何对待不爱和异性玩耍的宝宝

如果你的宝宝与故事里的坤坤一样，不爱和异性玩耍，那么家长要根据宝宝的心理状态，展开行动。如果宝宝不是特别排斥，那么就可以请一位聪明、机灵、活泼的异性小朋友来家里做客，让宝宝作为主人，好好儿招待客人。在玩耍的过程中，让宝宝感受到和异性小朋友一起玩耍也非常有趣，以前认为他们（她们）不爱玩的游戏，原来他们（她们）可以玩得很好，促使宝宝接纳异性小朋友。如果宝宝很排斥和异性小朋友一起玩耍，那么也不要逼迫宝宝，爸爸妈妈可以反问宝宝：“那爸爸（妈妈）也是男的（女的），你怎么愿意和我一起玩耍呢？”这种近似逗逗宝宝的做法会让宝宝反思，但又不至于逼迫宝宝，还可起到逐渐改变宝宝观念的作用。

## 二、如何对待爱和异性玩耍的宝宝

如果你的宝宝很爱和异性一起玩耍，不管有没有出现故事中同事的儿子和芊芊的情况，都要注意以下几点：

第一，避免在宝宝面前进行亲昵行为。对待越年幼的宝宝越应注意，平时应尽量避免让宝宝看到影视画刊中表示性爱的动作；夫妻间的一些亲昵行为，不宜过多过频在宝宝面前出现，避免给宝宝一种错觉，以为这是生活的主旋律。另外，到了适当年龄，宝宝就应与父母分室而居。

第二，对宝宝进行简单的性教育。父母应该找个合适的时间，对宝宝进行适当的性教育，消除宝宝对异性的神秘感。儿童对异性的兴趣大多停留在男女形体区别、生殖器结构的解剖和行为规范等方面的不同上，所以这类教育应着重于性别教育，可给宝宝讲一些简单的生理卫生知识，告诉宝宝一些常识，让宝宝知道自己身体的一些部位是不可以让别人摸的。但不要过于频繁，老是告诫宝宝“你的身体是你自己的，如果有人要触摸你的身体，要拒绝”这类的话，因为这等于是在向他传递“性是罪恶的”这样一种信息，容易导致宝宝的性压抑，使宝宝误以为性器官是见不得人的脏东西，一切与之有关的举动都要受到惩罚，以致不能以自然的态度与异性接触。

第三，在宝宝的游戏中适当加以引导。宝宝对异性的兴趣还表现在性游戏上，生活中，一些幼儿结伴玩耍时会做“过家家”的游戏，男孩当爸爸，女孩做妈妈，在性别角色上一般是不会发生错位的。他们还会模仿影视中的镜头或父母的亲昵举动，互相拥抱接吻，怀抱洋娃娃喂奶，还会合睡一条被子，也有的宝宝相互观看各自的生殖器等等。儿童的这些游戏是他们好奇心的表现，并非带有真正的性色彩。家长可以引导他们玩更有趣的游戏，转移其注意力，逐渐减少玩这种模仿游戏的机会。

第四，切忌大惊小怪。有的宝宝喜欢模仿搂抱动作，但并无恶意。家长可以对他说：“我知道，你抱她是想和她做朋友，不过好朋友手拉手一起玩就可以了，抱来抱去容易摔跤，亲来亲去也不太卫生，还是不要这样做为好。”千万不要像芊芊的妈妈一样大惊小怪，将事情复杂化。父母应首先淡化自己想要发作的情绪，再有技巧地慢慢教育宝宝，只有运用恰当的教育方法，才不至于起到事与愿违的效果。否则，本来宝宝没什么想法，被父母训斥、恐吓后，不仅会感到委屈，还会对异性产生强烈的排斥心理，从而使宝宝朝着不利于身心健康的方向发展。

# 听我说
## ——让宝宝学会倾听

幽幽的口才十分了得，爸爸妈妈想送她去少年宫参加小主持人培训班，将来把她培养成一个真正的优秀主持人！本来以为能说会道的幽幽在社交方面不会出现什么问题，可让爸爸妈妈跌破眼镜的是，幽幽的朋友越来越少，几乎没有多少小朋友愿意和幽幽一起玩。这到底是怎么回事呢？

爸爸妈妈有一次特别留意了幽幽与别人玩耍时的情景："听我说！"还没等爸爸妈妈走近，就听见了幽幽霸气的一声大吼。

原来几个小朋友在讨论玩什么，幽幽看大家七嘴八舌没人听自己说话，就生气地大吼了一声。

几个小朋友立刻就不乐意了："凭什么听你的啊？"

"我先说完你们再说！"幽幽不依不饶地争道。

"不和你玩了，我们走！"一个小朋友带着几个小伙伴离开了幽幽。

幽幽身边就剩下两个小伙伴。倔犟的幽幽虽然没有多少小伙伴和她一起玩，可是仍然不觉得自己有什么错。

爸爸妈妈相视一下，回忆起幽幽在家的样子。

吃饭的时候，一家人有时会讨论些事情，爸爸妈妈讨论的时候，如果没有顾及幽幽，幽幽就会大声说：“听我说！”当时爸爸妈妈觉得女儿有发表想法的欲望，不应该制止，所以总是顺着她，有时候甚至还鼓励她说出自己的想法。

爸爸妈妈一直以为这样做是正确的，没想到当幽幽把这种习惯延续到社交中时，为她带来了这么多的麻烦。

## 寻根究底 ?

倾听是人类有效沟通所必备的元素，是一种接纳的语言，一种心灵的互通、理解和尊重。倾听的过程就是一个积极地接受和理解对方的过程。具有较强倾听能力的宝宝，都有着良好的人际关系、丰富的知识和较好的语言表达能力，因为他们在倾听中学到了许多知识，接收到了许多信息，就像植物的成长需要不断地从地下吸收养料一样，倾听会让宝宝的头脑里变得更加富有。

但是，在现实生活中，养成倾听这一好习惯的宝宝却很少，为什么呢?

第一，家长不重视倾听能力的培养。倾听是一种能力，也是一种素质，人际交往成功的一个重要因素就是学会倾听。正如汤姆·彼得斯在《追求优秀的热情》一书中所说：“倾听是礼貌的最高形式。”一个会倾听的宝宝是受人欢迎和喜欢的。但现在很多家长只注意对宝宝表达能力的培养，而忽视了对宝宝倾听能力的训练。家长认为听力是与生俱来的，没有必要培养，遇到宝宝插嘴或不专心倾听时则训斥、责备宝宝。大人的训斥和责备，会使宝宝失去倾听的欲望和兴趣，会变得不爱倾听或不会倾听。还有一种极端的表现就是成人以宝宝为中心，认为插话等是宝宝自信、能干的表现，往往过分顺着宝宝的意思，以至使宝宝愈加不会倾听。

第二，宝宝身心发展特点的局限。宝宝受年龄特点的局限，注意力容易分散，自制力比较弱，缺乏倾听别人说话的耐心，在听的过程中难免会做小动作、东张西望等。特别是有些幼儿聪明活泼，表现欲特别强烈，在集体活动中常急于表达自己的想法而打断其他幼儿的发言。

第三，成人的消极榜样作用。父母、家人是宝宝成长和发展过程中的重要人物，成人的言行举止不可避免地对宝宝产生影响。有些成人在和别人交往或和幼儿交谈时就不会倾听，因此，宝宝在无形中学得了他们的不良行为。

## 给您支招

倾听是幼儿最早掌握的言语活动，两三岁的幼儿正处于语言发展关键期，良好的倾听能力是幼儿获得知识的前提，对发展幼儿的语言、思维十分有益。所以，培养幼儿的倾听能力是非常重要的。

### 一、宝宝倾听能力的具体内容

对宝宝倾听能力的培养着重培养三种倾听技能：专注性倾听，集中注意地倾听（包括注意力集中，不做小动作，思维能跟着老师走等）；辨析性倾听，分辨不同内容（如不同乐器发出的声音、不同年龄、性别的人的声音等）的倾听；理解性倾听，掌握主要内容、连接上下文意思的倾听（包括回答问题情况和执行指令情况等）。

### 二、激发宝宝的倾听兴趣

兴趣是最好的老师，宝宝对所学内容感兴趣，注意力就容易集中，思维也处于活跃状态。把兴趣作为倾听的切入点，捕捉宝宝的兴趣所在，这就要求家长在平时生活中利用宝宝感兴趣的事物，激发宝宝的倾听兴趣。

家长可以利用大自然的优势，激发宝宝的倾听兴趣。带宝宝去大自然聆听各种美妙的声音：淅淅沥沥的小雨声、淙淙的流水声、脚踩落叶的沙沙声等。所有这些，都让宝宝心旷神怡，会让宝宝萌发倾听的欲望和兴趣。

家长也可以通过游戏、故事等培养宝宝的倾听兴趣。选择的故事要符合宝宝的身心发展水平，具体、生动，富有趣味性；除了倾听的内容具有吸引力外，宝宝是通过积极的听来提高倾听能力，成人在讲故事时声音要抑扬顿挫，并利用手势、表情、动作等体态语言来调动宝宝倾听的积极性，让宝宝共同参与。

### 三、言传身教，以身作则

家长的一言一行、一举一动都会对宝宝产生深刻的影响。因此，家长应该注意自己的言行，在宝宝倾诉或告状时，认真倾听，耐心引导他们解决问题；在向宝宝提问时，耐心等待和倾听宝宝的回答。不论宝宝的话题多么简单，家长都应以目光、手势、语言来传递听到的感受，让宝宝觉得对方认真听了，在关注着他。家长可以利用各种手段指导宝宝耐心倾听别人说话，不随便插话，培养宝宝良好的倾听习惯。

### 四、赏识宝宝的倾听力

宝宝总希望自己是自由的，不受父母的约束，但又想让父母高兴。当宝宝注意倾听父母说话时，父母要适当地给予夸奖，这会使宝宝对倾听产生兴趣，更容易学会倾听。

### 五、让宝宝把父母说的话再重复一遍

宝宝在两三岁的时候，往往注意力不集中，对父母的话充耳不闻，这时该

怎么办？怎样才能使宝宝竖起耳朵倾听呢？最好的办法就是让宝宝把父母的话重复一遍，如果他不能说出来，父母就要郑重而严肃地再说一遍，时间长了，宝宝就学会并注意倾听了。

# 你不许赢我
## ——让宝宝正确对待输赢

莱莱最近迷上了一种游戏——打手背，就是把自己的一只手放在另外一个人的一只手下面，然后突然向上翻起拍打那只手，另外一个人则要趁这个时间抓紧往后缩，如果打到了手背就是赢，没打到手背就是输。

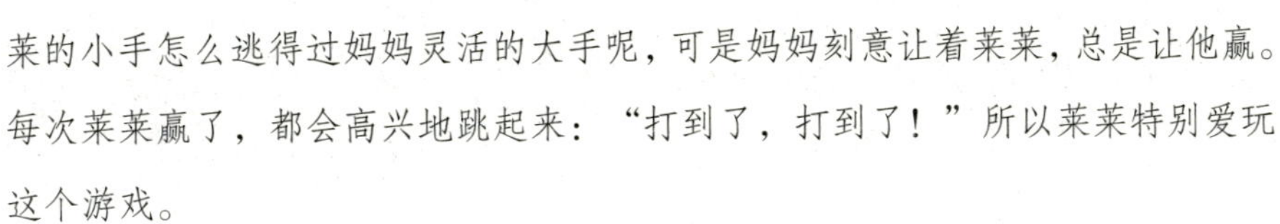

这个游戏是妈妈教给莱莱的，莱莱的小手怎么逃得过妈妈灵活的大手呢，可是妈妈刻意让着莱莱，总是让他赢。每次莱莱赢了，都会高兴地跳起来：“打到了，打到了！”所以莱莱特别爱玩这个游戏。

这天午睡后，妈妈带着莱莱去找小朋友做游戏。莱莱的“社会关系”一向不大好，所以妈妈总是在旁边“候着”，如果发生什么纠纷立刻上前解决。

莱莱找了一个小朋友，玩起了打手背的游戏。由于是刚开始玩，那个小朋友不太熟练，所以总是输，小手被打得红彤彤的。莱莱每打到一次就高呼：“打到了，打到了！”可是那个小朋友咬着牙坚持着继续玩。慢慢地，他掌握了技巧，有一次成功地躲过了莱莱的“毒手”，他高兴地跳了起来。

莱莱的脸色难看极了，说：“再来！”可接下来的几次莱莱仍然没打到小

朋友的手。

小朋友骄傲地说："现在我会了，我们换换，该我打你的手背了！"

莱莱只得同意，伸出自己的小手。

"啪"，莱莱的小手被打个正着！接下来的几分钟，小朋友一次次打到了莱莱的手背，莱莱的手背也被打得红红的。小朋友也学着莱莱的样子欢呼起来："打到了，打到了！"

莱莱的小脸涨得通红，终于忍不住"哇"地一声大哭起来，边哭边说："你，你，你不许赢我！"

"为什么不许赢你？你都赢了我那么多次了！"小朋友也不示弱。

"总之你不许赢我。你要是还赢我，我就不和你玩了！"莱莱双手叉腰，昂起头说。

"不玩就不玩！"小朋友才不买账呢，说完就跑去找其他人玩了。

妈妈看见儿子面对失败后的脆弱，若有所思，把气鼓鼓的莱莱领回了家。

## 寻根究底 ?

是什么原因导致我们的宝宝如此脆弱呢？教育专家指出：主要是因为家庭溺爱的环境。

在公园里我们经常可以看到这样的现象：一个活泼的宝宝在奔跑、在玩耍，突然跌倒了，趴在地上哇哇大哭。爸爸妈妈慌忙奔跑过去，心疼地把宝宝抱起来，心肝宝贝儿地叫着，哄个不停，宝宝半天才止住哭声。然后，爸爸妈妈相互指责对方太麻痹大意，没有看好宝宝。

同样的事情，在美国你看到的将是另一番情景：宝宝摔倒后，爸爸或妈妈只是很平静地走过去，并不去扶宝宝，只是鼓励他要勇敢，要自己站起来。在宝宝站起来后，父母又鼓励他继续玩耍和奔跑。

在父母的宠爱里，包围宝宝的是一片表扬、赞叹之声。在这些声音中长大的宝宝变得过分要强，就像温室里的花朵一样，经不起一点儿风雨，稍遇失败，便把它看成是拿破仑的滑铁卢，一蹶不振，痛苦至极。一位美国儿童心理专家说："有十分幸福童年的人常有不幸的成年。"没有遭受过失败的宝宝，面对突如其来的挫折，缺乏足够的心理准备和承受能力，最后会全盘否定自我。这样的宝宝长大后就无法适应这个激烈竞争和复杂多变的社会，更不要说会有什么成功的事业。

世间没有所谓的常胜将军，也没有所谓的天才。虽然有的宝宝有些超过常人的天赋，但这并不等于他什么事都会很顺利。一生事事都顺利、事事都成功的人是没有的。可以说，失败贯穿着每个人的一生。父母无法替宝宝承受每次失败，既然如此，为何不趁早教会宝宝面对失败？让宝宝接受失败，坦然面对失败，并且在失败中吸取经验教训，吃一堑，长一智，这样才是对宝宝今后人生真正的负责。

## 给您支招

孟子说："天将降大任于斯人也，必先苦其心志，劳其筋骨，饿其体肤，空乏其身，行拂乱其所为。"如今，我们的宝宝对失败已经越来越陌生了。在家中，很多父母总是把自己当成宝宝的保护神，时时处处为宝宝着想，含在嘴里怕化了，捧在手里怕摔了，不敢让宝宝经受一丁点儿的挫折，舍不得让宝宝受一点儿委屈。但无论是谁，都不能保护宝宝的一生，宝宝迟早要面对这个世界，面对他所生活的社会。外面的世界很精彩，也很无奈，处处有挫折，时时有困难，没有良好的心理承受能力的宝宝，是无法独立地笑傲人生、迎接生活的风霜雪雨的。

著名心理学家马斯洛说：“失败对于宝宝来说未必是坏事，关键在于他对待挫折的态度。”其实，苦难和失败本身并不能造就一个人，能够造就人的是他在失败中找到的解决方法。一件事发生了，他能够承受得住，走了过来，他就进步了，就会感觉很好。如何让宝宝接受失败教育呢，给家长们提供以下几种方法：

### 一、让宝宝承认与接受失败

谁都喜欢成功，不喜欢失败，宝宝也是一样。但是，面对失败，家长首先要让宝宝承认自己的失败，并且接受。比如故事里的莱莱，面对自己被另一个小朋友不断地打到手背，他哭了，并大声吼“你不许赢我”，这是宝宝不接受失败的表现。家长这时应该开导宝宝，让宝宝明白“输”是很正常的，没有人会一直赢，帮助宝宝承认失败，接受失败。

### 二、家长要留意自己的态度

家长面对失败的宝宝时态度也要注意，不要责备孩子“你怎么那么没用，连他都赢不了”，这会加倍增加宝宝的失败感，可能使宝宝从此害怕挑战，畏惧挑战；更不应该对宝宝说“无所谓，只是游戏嘛”，因为这样会导致宝宝不求上进，对其今后的发展不利。

### 三、让宝宝说出感受

宝宝失败后，父母要多留意宝宝的情绪变化，让宝宝说出感受，拥抱着宝宝让他尽情地哭，让宝宝知道失败以后是可以难过的，接着慢慢引导宝宝找出失败的原因，然后帮助他对症下药。

### 四、转移宝宝的关注点

家长还可以转移宝宝的关注点，让宝宝重新恢复争取成功的信心。在宝宝失败后，帮助他们发现自己的优点，发挥自己的优势。当孩子感觉到自己并不是一无是处时，他的积极性就会被调动起来。

### 五、消除心里的压力

如果宝宝担心因为自己的失败，好朋友会离开他或嘲笑他，父母可以告诉宝宝，真正的好朋友是不会嘲笑他的失败的，不信明天可以再去找他们玩玩看——一般来说，孩子们的友谊都是今天吵架，明天就好，不存在仇恨和嘲笑，所以家长可以放心地鼓励宝宝在失败以后继续与那个小朋友一起玩耍。

# 这样分蛋糕不公平
## ——让宝宝公平处事，摒弃私心

今天是雨雨三岁的生日，妈妈特地为雨雨开了一个生日派对，邀请了很多亲戚朋友，还有雨雨的小伙伴。

“祝你生日快乐，祝你生日快乐……”唱完生日歌以后，雨雨在妈妈的帮助下开始切蛋糕。在分给众人的时候，雨雨基本都切得一样大，而轮到自己的时候，雨雨握着妈妈的手，切了一块最大的给自己。这时，雨雨的表哥恒恒大声说：“这样分蛋糕不公平！她给自己的蛋糕那么大，我的那么小！”

“你这孩子，怎么这样？人家过生日，当然要吃大点儿的啦！”恒恒妈妈训斥儿子道。

“不不，孩子说得对，做什么事情都要公平！”雨雨妈妈觉得这是教育雨雨的好时机，便接口说道，“雨雨，你认为哥哥说得对吗？不如你也先吃块小的吧！”雨雨点点头。

原来，雨雨在家里是众人的掌上明珠，有什么好东西爷爷奶奶都留给雨雨，比如吃糖，雨雨爱吃，大家吃的时候就只吃一颗，剩下的都给雨雨留着。久而久之，“给自己大蛋糕”这样的事情就时常发生。妈妈很担心，雨雨长大以后，可没有人这么疼她，更不会什么好东西都留给她，所以想趁此机会改改雨雨的习惯。

生日宴会散了以后，妈妈拿着剩下的糖果，让雨雨给家里的人分一下。

雨雨用胖乎乎的小手捏起一颗糖，放在爷爷面前，然后又捏起一颗，放在奶奶面前……一轮下来，雨雨手里还有一捧糖，她就放进自己衣服的小口袋里，拿出一颗剥了甜甜地吃起来。

“这样分公平吗？”妈妈故意问道。

“嗯……以前不也这样吗？”雨雨有点儿奇怪。

“以前是妈妈没有告诉你，分东西的时候要公平，不要因为自己喜欢吃就多留给自己一点儿。你今天吃蛋糕时听见表哥说的话了吧？小朋友都不愿意和有私心的人一起玩，所以以后我们在家里分东西也要讲究公平。”

本来就听话乖巧的雨雨明白了妈妈说的道理，小手伸到口袋里，拿出糖果重新分配起来。

## 寻根究底？

宝宝之所以对公平这一概念模糊，很大一部分原因是因为父母没有重视公平教育。成年人都非常明白，人生不如意的事十之八九，世间上也不存在绝对的公平，一切都是相对的，因此从来也没有重视过对宝宝说什么是公平。然而在宝宝的世界里，并不是大人们所想的那样。比如雨雨的表哥恒恒，在看到雨雨的蛋糕比较大的时候，脱口而出“这不公平”。在大人看来，人家请吃饭，人家吃大块儿的蛋糕是理所应当的。可是在宝宝的眼里却不是这么回事，他们认为公平的才是对的，不公平的就是错的，他们有自己的评判标准与意识，尽管这种标准与意识忽略了客观现实中尚存在的影响因素。然而，这种公平意识是可贵的。太多的家长在平常的家庭教育中含沙射影地告诉宝宝“不公平地、有私心地处世”：家里来了客人，把好东西藏起来，把不喜欢吃的给人家吃；吃饭的时候，鸡腿给自己家孩子多吃几个；玩玩具的时候，把好玩儿的给自己的孩子留着……其实，家长的这种做法并不可取，因为宝宝需要知道什么是公平，需要知道怎样无私地生活。

## 给您支招

在告诉宝宝摒弃私心、公平处事上，父母不妨试着用下面的方法，或许会非常奏效。

### 一、在家庭中创设公平的气氛

现在家庭里大都是独生子女，公平一直被忽略，为了培养宝宝公平处世、不存私心的好习惯，家长可以把自己与宝宝摆在同一位置，把自己当成小孩，与宝宝平分玩具、特权、钱财，在家庭中创设公平的气氛，制定相对公平的规则，使宝宝从小就明白公平的内涵。另一个需要注意的是，在规则制定之后，在某些细节上肯定还会有让宝宝感到不满意的地方，在这种情况下，不妨单独与宝宝交流，做一次深入的谈心，告诉他设计规则的目的，一切问题或许都会迎刃而解。

### 二、允许宝宝提出疑问

当宝宝认为家规不公平时，重要的是允许、鼓励他们提出疑问。若家长没有正视这些问题，宝宝将愤慨地默认。可是，这对亲子关系是种危机，将导致亲情的分裂。这时，家长不妨在家规上做些变通，鼓励宝宝表达自己的看法，这能使他们对家里的问题或未来生活上的状况有积极的处理心态。

比如下面这种情况：

“妈妈，为什么我八点就要睡觉？我想多看会儿电视！”妞妞对妈妈抱怨道。

“小朋友要保证睡眠时间，你每天早上都要醒那么早，中午又不太肯睡觉，所以只能晚上早点儿睡！”妈妈耐心地解释道。

“那隔壁的涵涵怎么九点才睡觉？他比我多看好多动画片呢！”妞妞嘟起小嘴巴，不满意极了。

“涵涵每天中午还要午睡两小时呢！”妈妈立刻说道。

“那从明天开始，我也午睡。今天就让我多看一会儿电视，好不好？”妞妞请求道。

妈妈考虑了一下，说：“好吧！”

这段宝宝与妈妈的对话就很好地说明了问题，宝宝会关注其他同龄人是如何生活、处世的，肯定会提出一些“不公平”的现象，只要是正确、可以变通的，家长不妨尊重他们的意愿，适当地进行调整与变通。倘若是不合情理的，则需要父母把握时机与方法，做好解释工作，以保证宝宝身心健康地成长。

### 三、和宝宝一起面对“不公平”

“妈妈，妈妈，不公平！”小雪哭着跑回家，冲着妈妈大声嚷道。妈妈了解情况后，才知道原来是小朋友们一起玩游戏，本来应该轮到小雪玩滑滑梯了，可是另一个小朋友插队，他的妈妈还帮着说：“他小，你让让他！”小雪气愤极了，可是又不敢跟大人吵架，只能哭着回家找妈妈。妈妈对小雪说：“你应该把公平原则对那个妈妈讲清楚，只要有道理就不要害怕。”妈妈不仅表示支持女儿，也让女儿知道想让事情改观，不能光抱怨，要努力争取。生活中，宝宝不可避免地会见到或遇到有失公平的事，有时候他们是牺牲者，有时候他们也要是挑战者。

# 我跳得不如她好
## ——让宝宝自信不自卑

凌凌特别爱跳舞。一次，家里来了一个妈妈的朋友，是舞蹈老师，她有一个漂亮的女儿盈盈。盈盈比凌凌大两岁，从小就在妈妈的辅导下跳舞，所以舞跳得特别棒。妈妈本以为把相同爱好的孩子放到一起，她们会很投机，盈盈可以更加激发凌凌对舞蹈的热爱。可没想到盈盈来过之后，凌凌慢慢地不喜欢跳舞了。

事情是这样的。

午饭过后，妈妈打开音响，盈盈随着音乐就跳起舞来。盈盈跳得确实不错，拍子准，动作到位，下腰、劈叉这些动作都做得很好，盈盈跳完之后赢得一片掌声。喜爱跳舞的凌凌不甘示弱，也跳了起来。可能是由于年纪小、没有受过专门训练的关系，凌凌的舞姿与盈盈比起来实在是不怎么好看，但凌凌跳得很开心，浑然不觉。待凌凌跳完后，盈盈发出一阵轻蔑的笑声："哈哈哈哈，这也叫跳舞？动作难看死了！"

凌凌一下子就呆住了，不相信地看着妈妈。

"你这孩子，怎么说话呢！"盈盈妈妈看到自己的女儿说出这样的话忙呵斥道。

"没关系没关系，童言无忌！"妈妈觉得盈盈是客人，说她不太好，所以接茬儿说，"呵呵，盈盈说得也对，凌凌还小，跳的是不好看，你以后多教教她！”

妈妈没有注意到，自己的一句话让凌凌的头久久地低了下去。

过了一阵子，另外有一个小朋友来做客。她跳了一支舞，妈妈也让凌凌跳一支舞给大家看。凌凌却摇摇头说道：“我跳的不如她好，不跳了。”从那以后，妈妈再怎么鼓励凌凌，凌凌都不跳舞了。

## 寻根究底 ?

自卑不是天生的，当宝宝还躺在妈妈的怀里咿呀学语的时候，拥有的只是天真和快乐，不会有自卑的情绪。有着自卑心理的宝宝，最大的特点就是认为别人比自己强。“我不行”“这样的事情我做不了”“我的能力太差了”，他们常用这样的言语来说服别人，说服自己。他们常常不能接纳自己，把自己放在低人一等的位置上，所以不喜欢自己，进而认定别人也看不起自己，从而害怕与人交往。

那么，自卑是怎么来的呢？

第一，家长无意中的话语伤害了宝宝。如故事中凌凌的母亲一样，一句话让女儿再也没有跳舞的信心。家长不经思考的教育方式极易使宝宝产生自卑心理。一个宝宝的自尊心若被接二连三地伤害、打击，就很容易形成自卑心理。

第二，没有重视宝宝的自卑情绪。宝宝的自卑情绪如果在萌芽的时候家长能及时注意到，那么也许能够遏制。有一个宝宝长得很胖，可能由于遗传问题——她的父亲就很胖，这其实听起来并没什么，可是随着宝宝接触的人越来越多，“胖妞”的称号便不胫而走。由于她的妈妈工作非常忙，根本没有注意到女儿的心事，这个女孩自卑的情绪逐渐扎根于她的性格中，自信也逐渐丧失。

第三，家庭不完整。家庭不完整也很容易导致宝宝产生自卑情绪，所以，单亲家庭的爸爸妈妈要格外小心了。生活在破裂家庭中的宝宝，由于得不到足够的父爱或母爱，与其他宝宝相比显然缺少一种优越感，从而也会导致自卑。

第四，家长要求过高。生活在崇尚完美主义家庭中的宝宝，由于家长要求宝宝做每一件事都要十全十美，实际上，不可能达到十全十美，于是宝宝常常受到家长的过多指责，进而使宝宝怀疑自己的能力而产生自卑。

## 给您支招

1951 年，英国人弗兰克林从自己拍x射线的照片上发现了DNA的螺旋转向，他准备发表一次演讲，向外界公布自己的发现，但是自卑心理阻碍了他，使他放弃了演讲。1953 年，科学家沃森和克里发现了同一现象，并提出了 DNA 螺旋结构的假说，这一假说标志着生物时代的到来，两人还因此获得了诺贝尔医学奖。弗兰克林就是因为自卑而放弃了一个伟大的发现。

哈佛一位教授说：“自卑是人生最危险的杀手，它可以轻而易举毁掉一个颇具才华的人。”自卑对宝宝来说，是一条无形的绳索，束缚着宝宝向上的动力，久而久之，就会让宝宝失去奋进的勇气和信心，认为自己不如别人聪明，不如别人有能力等。有着这种心态的宝宝，如果家长不对他进行正确引导，消除他的自卑情绪，他长大后会错失很多成功的机会。

如何克服宝宝的自卑心理呢？最有效的办法就是让宝宝建立起自信。

## 一、给宝宝多一点儿鼓励

给宝宝一些肯定和鼓励，对培养宝宝的自信很有益处。一个著名女画家在回忆自己的艺术创作时，讲了这样一件事：她幼时并不喜欢画画，总觉得自己画得不好，每一次妈妈让她画画都要大哭一场。有一次她只画了几个圆圈，很怕被人看见了笑话。妈妈却表扬了她，说她有三点进步：一是不哭了，画画认真；二是一口气就画了三个气球，画得快了；三是气球画得又大又圆。她听了高兴极了，从此就喜欢上了画画。

## 二、为宝宝讲述名人的故事

家长可以买一些名人传记之类的书籍，给宝宝讲一些名人的童年趣事和培养自信的故事。比如，爱迪生小时候做过孵鸡蛋的蠢事；爱因斯坦到了三岁多才会说话；西奥多·罗斯福从小是个胆怯得看到老师就浑身发抖的宝宝等。让宝宝明白名人也不过如此，比自己强不了多少。然后家长再告诉宝宝，名人是如何克服自卑、建立自信的。

## 三、鼓励宝宝去做，并适当降低要求

有的宝宝之所以变得自卑甚至越来越自卑，一个重要原因就是家长的要求过高，使得宝宝时时处处被批评和指责。长此以往，每做一件事，宝宝在潜意识中就总会对自己做出否定：我的脑筋不好使，这个事情我干不好，别人就是不喜欢我等。让这类自卑的宝宝学会自信的首要目标是：帮助他从自己的行为中获得满足和动力。不要奢求宝宝能完美地做好每一件事，而应该首先鼓励宝宝去做，然后努力发现宝宝在做这件事的过程中每一点值得肯定的方面，从而一点点地增强他的自信心。要让宝宝懂得：做该做的事，并努力把它做好，这本身就是成功，也是对自己最好的肯定。

## 四、变更表扬的主语

让宝宝做出自我肯定的一个最简单方便的方法是变更表扬的主语：只要把“我”改成“你”，把“我们”（父母）对你（宝宝）的表扬改变成你（宝宝）对自己的表扬。这种简单的变化能够更充分有力地让宝宝认识到自己的行为是正确的。如：“你今天用积木盖起了这么高的大楼，我真为你感到自豪！”改为：“你今天用积木盖起了这么高的大楼，你一定为自己感到自豪！”

## 五、鼓励宝宝正确对待批评

作为家长可以多给自卑的宝宝表扬，但小伙伴和其他人却不一定能完全做到这一点。他们或许会实话实说，或许会故意挑剔，甚至讽刺挖苦。家长要告诉宝宝，对这些批评不能害怕，更不要回避，让宝宝做到既看重别人的批评，又不背上包袱，最终让宝宝成功地实现从内心深处接受自己、认可自己，在内心产生前进的动力。

## 六、努力强化宝宝的自我肯定

许多自卑的宝宝心中的自我肯定往往是脆弱和飘摇不定的，因而极其需要得到外界的经常不断的强化。强化宝宝自我肯定的方法很多，比如：要求宝宝为自己记一本“功劳簿”，每周至少为他写一件值得骄傲的功劳；也可为宝宝准备一些小小的奖品（如画片、玩具、图画书等）——每当宝宝做出了一点儿成绩或一件令他感到自豪的事，就有资格获奖。

但是，鼓励宝宝自我肯定不要做得过火，换句话说，自我肯定也应有个度，既要分时间、场合和具体事情，更要提出一定的原则、标准和尺度，要知道，再好的良药也不能下得过猛——要是宝宝的自我肯定用过了头，那就可能变成一个没有自知之明、自负甚至唯我独尊的小霸王，结果就完全适得其反了。

# 别难过，已经没事了
## ——让宝宝学会宽容

在少年宫的大厅里，一个满脸歉意的老师正在安慰两个大约三岁的小朋友——亮亮和婷婷，饱受惊吓的两个孩子已经哭得筋疲力尽。

原来是这样，那天参加少年宫绘画班的小朋友特别多，老师带着小朋友们去少年宫的树林里画大树，在绘画课结束后，老师一时疏忽少算两个人，将这两个孩子落在了树林里。等她发现人数不对时，才赶快跑到小树林，将那两个孩子带回来。两个孩子因为在偏远的小树林里等了很久，受到惊吓，哭得十分伤心。

不久，亮亮的妈妈来了。看见亮亮哭得惨兮兮的，亮亮妈妈问明了事情的原委，便蹲下来安慰地亲了亲亮亮，然后很理性地告诉他："已经没事了，别哭了。老师因为找不到你非常紧张，也很难过，她不是故意的，你应该原谅她。现在，你去亲亲那个老师的脸颊，安慰她一下。"

乖巧的亮亮踮起脚，亲了亲蹲在身旁的老师的脸颊，轻轻地说：“别难过，已经没事了。”

老师感动极了，说：“是老师不对，下次绝对不会再发生这样的事情了。”

妈妈起身对老师说：“孩子没出什么事儿，再说你也不是故意的，没关系，忙你的工作吧，我们走了！”说完便带着亮亮往回走。亮亮边走边挥手说：“老师，明天见！”

不一会儿，婷婷的妈妈来了。婷婷妈妈可没有那么好说话，看到受了委屈的孩子，婷婷妈妈立刻失去理智，情绪失控，非常愤怒，疾声厉色地痛骂了相关的老师们一顿：“你们这些老师是怎么管孩子的？这么不负责任，还配做老师吗？”

挨骂的老师低着头，不吭一声。

“我要见你们的领导！”婷婷妈妈见跟这些老师吵不起来，便打算向主管领导提抗议。

主管领导面对这种情况，连连道歉。

“道歉有用吗，说吧，我孩子遇到这样的事情你们怎么补偿？”婷婷妈妈咄咄逼人地问道。

经过一番讨价还价，少年宫最终决定免去婷婷半个学期的学费。

婷婷妈妈得到“补偿”后，满意地将婷婷带走了。

## 寻根究底 ?

心理专家提醒家长：“心不是靠武力征服，而是靠爱和宽容大度征服。”宽容是人类最高贵的品质之一。人们常说，父母是宝宝的第一任老师。宝宝的良好品格能否养成，与家长的言传身教关系很大。心理学研究发现，宝宝的很多行为习惯甚至态度和价值观都是通过模仿父母而学得的。因此，父母必须经常问问自己：我的一言一行是否给宝宝树立了好的榜样？

从上面的故事中我们不难发现，亮亮妈妈在教育宝宝时，能够从长远发展的角度出发，善于利用各种机会促进宝宝美好人格的形成。她明智地选择这样的教育方式，是为了培养出宽容和体贴的宝宝。而有的家长本身就得理不让人——故事中婷婷妈妈就是如此，只从自己的角度考虑问题，经常在宝宝面前埋怨亲人和朋友，或隔三差五与人发生激烈的争吵。久而久之，宝宝耳濡目染，逐渐就学会了，只要觉得自己有三分道理，就大哭大闹，或者要求别人向自己道歉，或者要报复和惩罚别人，或者希望得到食物、玩具等各种形式的补偿，慢慢变成一个心胸狭窄、自私自利的人。那么，这个宝宝将来肯定不会有良好的人际关系，容易被孤立，做事易怨天尤人，会遇到更多的挫折而痛苦不堪。

其实在宝宝的生活中，每天都会发生很多有意义的事情。类似这样的最佳教育时机，如果有心的家长能敏感地把握住，引导宝宝试着体察对方的情绪，学会沟通和理解他人，宝宝的情商就能得到较好的发展，成为一个善良可爱且受欢迎的人。

## 给您支招

富有宽容心的宝宝往往心地善良，性情温和，惹人喜爱，受人拥护；而缺乏宽容心的宝宝往往性情怪诞，易走极端，不易被人亲近，因而人际关系往往不好。那么，父母应该怎样做才能让宝宝拥有一颗宽容的心呢？

### 一、让宝宝认识宽容的必要性

父母可以多给宝宝讲述宽容的好处和必要性。同时让宝宝多参加一些集体活动，让宝宝在集体活动中去体验这种必要性。

## 二、父母要起表率作用

宝宝的宽容之心最主要的来源就是父母，在生活中，父母要有宽容的态度，以此作为宝宝的表率。因为宝宝最初是从父母那里学习待人接物的方式的，父母宽容、大度、遇事不斤斤计较，与邻里、同事之间融洽相处，宝宝就会学着父母的样子处理同学之间的关系，也会变得宽容、好善、乐于与人相处。

另外，在家里，父母要营造温馨、和谐、友爱、宽容的家庭氛围。家庭成员之间彼此友爱，互相宽容，不争不抢，生活在其中的宝宝会在潜移默化中受到影响，逐步形成宽容、忍让的良好品性。

## 三、教宝宝从别人的角度来考虑问题

在日常生活中，如果能够从别人的角度来考虑问题，能够设身处地地多为对方着想，生活中的许多矛盾就很容易化解。因此，不管什么时候，父母都可以教宝宝学会从别人的角度来考虑问题，让宝宝把自己设身处地地放在对方的处境，问自己：要是我处在这样的情况下，会怎么想、怎么做呢？这样，宝宝往往会看到更多的问题，逐渐养成宽容的品格。

## 四、让宝宝学会理解人人都有缺点

金无足赤，人无完人，有缺点和不足乃是人性的必然。宝宝与小朋友一起玩耍时，有的小朋友粗心，有的小朋友不拘小节……当与这些人发生一些不愉快时，父母要让宝宝知道，人人都有缺点，理解他人、宽容他人很重要。比如，如果宝宝的玩具被一个小朋友不小心踩坏了，家长可以对宝宝说：“这个小朋友就是粗心，可他不是故意的，我们不要怪他，告诉他下一次小心一点儿。”

这样的话能让宝宝很好地理解他人，培养宝宝的宽容心。

宽容的品性不是听出来、说出来的，而是在交往活动中培养出来的。宝宝在与同伴的交往过程中，会发现同伴的优点和缺点，在赞扬同伴的优点时，会感受到同伴的喜悦；在原谅同伴的缺点时，会体验到宽容的快乐。当然，这些心理活动，宝宝往往不能用语言准确地表达出来，但是他们的内心是能够感受到的。

### 五、正确对待宝宝与同伴之间的冲突

当宝宝与同伴发生纠纷，特别是自己的宝宝吃了亏时，家长一定要冷静，要先搞清事情的缘由，再与对方家长协商解决，切不可冲动地责骂对方，或怪自己的宝宝笨、没本事，甚至教自己的宝宝用拳头去还击对方。家长要明白这个道理：在漫长的人生道路上，人与人之间的摩擦和冲突是不可能避免的，冷静处理才是上策。父母在宝宝幼年时处理问题的方法，会给宝宝留下深刻的印象，对宝宝的一生影响极大。

# 我就要坐这个位置
## ——让宝宝学会礼貌待客

亚亚今年三岁了，智商很高，聪明伶俐，能歌善舞，大家经常夸奖她。这让亚亚的妈妈感到很得意，在家里就很娇惯亚亚。比如家里最好的菜由亚亚先吃，亚亚最爱吃的水果，父母从不动一下。有人曾经劝过亚亚妈妈，如果太溺爱孩子，对孩子的将来不好。可是亚亚妈妈却认为，孩子现在还小，可以宠着点儿，等大一点儿再好好儿教育也来得及。

慢慢地，这种娇惯使亚亚的脾气越来越大，变得越来越没有礼貌，走路横冲直撞，说话乱插嘴，撞到别人或踩到别人的脚也不说一声“对不起”。虽然有时候亚亚妈妈也觉得孩子太没礼貌了，但想想都是些小事，犯不着委屈孩子，就没有注意。

有一次，亚亚妈妈在家里举办一个宴会，邀请了自己公司的领导和好友，这是一个非常正式的宴会。宴会还没开始，亚亚就一屁股坐在最中间的位子上——那是她平时吃饭的老位置。妈妈让亚亚下来，想让自己的领导坐在那个位置。可是亚亚不同意，

还大声嚷嚷："我不，我不，我就要坐这个位置！"妈妈不想让别人听见，赶忙捂住亚亚的嘴巴，说："行行行，依你，别嚷嚷了！"亚亚坐在座位上很不老实，来来回回地折腾。妈妈想训斥亚亚，可是时机又不允许，无奈极了。

菜刚端上来，别人还没有坐好，亚亚就拿筷子夹着吃了起来。妈妈对亚亚说应该让客人先吃。可亚亚充耳不闻，还说："我饿了嘛！"

宴会到了中途，上了盘龙虾，这是亚亚最爱吃的。亚亚一下子站起来，把整盘龙虾端到自己面前，狼吞虎咽地吃起来。虽然在座的人都客气地说："没关系，她还是个孩子。"但妈妈还是感到了众人鄙视的目光，这目光不仅是冲亚亚的，更多是冲她的……

## 寻根究底 ?

一个人的礼仪和教养早在幼年时期就已经形成。然而在现实生活中，很多父母却忽视了对宝宝这方面的教育，于是我们常常会遇到一些宝宝失礼的现象：家里来了客人，宝宝只是漠然地看客人一眼，就扭身走进自己的房间；吃饭的时候，把自己喜欢吃的菜端到跟前；乱翻客人带来的礼物；客人离开时不和客人说再见……

遇到这样的情况，父母常常感到很尴尬，很丢面子，从而对宝宝大骂不止。殊不知，宝宝的不讲礼貌大多与家长的教育和家长自身的不良行为有着密切的关系。

宝宝并不是天生就懂得生活中的礼仪，礼仪是从小培养和教育出来的。父母是宝宝的第一任礼仪老师，父母对宝宝教育的好坏，将直接影响宝宝以后的人际关系。当今社会是个充满竞争与合作的时代，良好的人际关系是一个人事业的助推器。所以，要想让宝宝成为一个懂礼貌、受欢迎的人，父母就应该从小对宝宝进行礼仪教育。

## 给您支招

为了让宝宝学会礼貌待客，最好从宝宝刚懂事时就开始教。

### 一、为宝宝树立榜样

父母是宝宝的榜样，父母良好的行为举止是对宝宝最生动、最有效的教育。父母应该利用家里来客的有利时机提醒宝宝，并给宝宝做出榜样。

比如，妈妈发现宝宝在接受他人礼物时没有使用礼貌用语，可以微笑地对宝宝说："宝宝，你好像忘记说什么了？"宝宝可能还没有意识到自己应该说什么，这时，妈妈可以对客人说："谢谢您送礼物给宝宝。我代宝宝谢谢您！"宝宝听了妈妈的话，会意识到自己没有道谢是不礼貌的，一般都会跟着说："谢谢！"

另外，父母要注意提高自身的修养，使用文明的语言，在家庭中不要讲粗话、脏话，家人之间多使用礼貌用语，说话要和气。这样，父母才能通过自己的行为潜移默化地影响宝宝，让宝宝在良好的环境中养成文明礼貌的习惯。

### 二、来客人要事先准备

家中来客人一般都会事先做些准备，这些准备要让宝宝参与，让宝宝以主人的身份接待客人。比如热情地迎接客人进屋，帮助客人放衣物，请客人在合适的位置落座，给客人倒茶或拿饮料，主动、大方地与客人交谈等。在客人来之前，父母要教宝宝一些常用的礼貌用语，比如："您再坐一会儿吧""欢迎您再来""再见"等。

有些父母怕宝宝不礼貌，太吵闹，来客人时，常把宝宝打发到一边，让他们自己去玩，这样不利于培养宝宝的社交礼仪。

另外，家长在客人来之前也要花些时间注意宝宝的打扮和衣着，这是教宝宝礼貌待客的重要组成部分。外表是一个人内在性格和品质的反映，如果宝宝衣着邋遢，就会给人一种不卫生、不舒服的感觉，对客人也显得不够尊重。

### 三、不要当众批评宝宝

很多家长平时不注意对宝宝进行礼仪教育，当遇到一些特殊场合时，宝宝往往会因为慌乱而表现出鲁莽和不礼貌的行为。这时，很多父母为从窘境中脱离出来，就当众批评宝宝，这种方法是非常不可取的。每个宝宝都有自尊心，当宝宝有了不礼貌的行为被当众责骂时，自尊心很容易受伤害，甚至出现逆反心理，和父母搞对抗，故意做出不礼貌的行为给父母看。所以，当宝宝有了不礼貌的举止时，父母要在过后帮助宝宝分析一下原因，告诉宝宝以后遇到类似的事情时，应该如何去做。

### 四、不要强迫宝宝

父母要注意的是，在宝宝不讲礼貌的时候，千万不要强迫宝宝。比如有客人来家里，宝宝躲在房间里不出来，不与人打招呼，家长非得把宝宝拉出来跟客人问好，结果，宝宝产生了逆反心理。事实上，父母这种强迫的行为本身就是不礼貌的。宝宝不愿意与人打招呼必然是有原因的，比如宝宝从小就很害羞；宝宝认为客人是父母的客人，与自己没关系；或者宝宝正在玩玩具，一时忘记了打招呼……这时候，父母需要引导宝宝去跟客人打招呼，如果宝宝实在不想打招呼，父母不应该强迫宝宝，应该在事后告诉宝宝：“与人打招呼是最基本的礼貌，你去别人家里时也希望受到别人的热情欢迎呀！”这样，让宝宝设身处地为他人想想，因为好的礼貌举止只有发自内心才是真诚的。

## 五、尊重你的宝宝

父母在生活中要做到尊重宝宝。英国著名教育家斯宾塞说过，“野蛮产生野蛮，仁爱产生仁爱，这就是真理。你对待儿童没有同情，他们就变得没有同情；而以应有的友情对待他们，就是一个培养他们友情的手段。”也就是说，以应有的尊重对待宝宝，宝宝才会懂得尊重。德国有个家庭，母亲让宝宝帮助做什么事时总是对宝宝说：“请你帮我……好吗？”“请你……好吗？”从来不会说一些生硬的句子，或者用强硬的命令语气让宝宝去做事。宝宝做完了某件事，母亲总会说声“谢谢”。有一次，父亲想与一个朋友一起玩一下送给宝宝的礼物，父亲就问宝宝：“杰克，能不能把象棋借给我玩一下？”这位父亲认为，既然已经是送给宝宝的礼物，它就是宝宝的物品。不管是谁要使用这个物品，必须和宝宝商量。父母的这些教育方法，使宝宝们都养成了彬彬有礼的习惯。

由此可见，父母一定要尊重宝宝，同时在家庭中，父母互相尊重。因为父母之间的尊重，会在潜移默化中给宝宝以良好的影响。

# 嘘，爷爷在睡觉
## ——让宝宝学会为他人着想

萍萍是爷爷的长孙女，因为父母工作忙，所以从小就在爷爷奶奶身边长大。这天，爸爸妈妈周末来爷爷家看萍萍。萍萍看见爸爸妈妈特别高兴，大声嚷道："妈妈，妈妈，我想死你了！"妈妈转身对萍萍说："嘘，爷爷在睡觉，我们小声点儿！"

萍萍一看，爷爷果然在等爸爸妈妈的时候坐在沙发上睡着了。她蹑手蹑脚地走到妈妈身边，扑到妈妈的怀里。

第二天，爸爸妈妈走了，萍萍的小伙伴来家中找她玩，一进门就说："萍萍，萍萍，快出来，我们玩捉迷藏！"萍萍赶忙跑出去，对小朋友们说："嘘，我爷爷在睡觉……"其实爷爷当时只是在椅子上假寐，听见孙女儿这么对其他小朋友说，感动极了，虽然没有睁开眼睛，但是挂在嘴角的笑容显示爷爷很幸福……

萍萍出去后，爷爷对奶奶把刚才的事说了一遍。奶奶感叹地说："老伴儿啊，咱们没白疼这个孙女儿呀！"

## 寻根究底 ?

像故事中萍萍那样懂事、会为他人着想的宝宝真的不多，我们看到最多的场景是宝宝们不顾家长是否劳累、是否开心而一意孤行地让家长为自己做事。

“妈妈，我要出去玩！”

“今天妈妈特别累，你先在家里玩，明天妈妈再陪你出去吧！”

“不，我不，我就要出去，我都和小朋友约好了！”

…………

宝宝们为什么不懂得为他人着想呢?

第一，家长的溺爱。现在许多家庭都是“6+1”模式，宝宝是整个家庭的中心，只要宝宝喜欢，大人为宝宝做什么都是值得的。这种溺爱让宝宝觉得一切的索取都是理所应当的——生下来就是要被人疼爱的。

第二，教育的片面。现在许多家长在对宝宝的培养上只重视智力开发，而忽略了对宝宝品行方面的教育，这就让宝宝失去了为他人着想的意识。有不少家庭，当宝宝愿为辛劳一天满脸倦意的父母做些家务时，父母总是说：“去玩吧，不缠着妈妈就是帮妈妈最大的忙了。”他们这是片面地培养宝宝，似乎周围所有的人都应该帮助和关心宝宝，而宝宝的任务仅仅是接受这些关爱。这样的宝宝很快习惯于家庭给予的一切，他们在家里没有任何义务，而有的仅仅是特权。因此，他们很容易滋生自私、冷漠，甚至无视他人的快乐与痛苦。

## 给您支招

培养宝宝关心他人的好习惯可以让宝宝了解父母工作的不易和生活的艰辛，让宝宝理解父母，为父母分忧解愁，让宝宝在享受父母关怀的同时，也知道关心父母。

### 一、明确培养内容

培养宝宝“为他人着想”应包括以下内容：尊重他人的意见，理解他人的想法，愿意同他人分享自己的幸福，体验和同情他人的情感，爱护他人的劳动成果，先人后己、助人为乐等等。

### 二、着眼于细节

应从细节入手，培养宝宝关心他人、为他人着想的品质。在公共汽车上要主动让座给老弱病残孕和抱小孩儿的；在商场推门时应注意前后有没有人，有人时应当等后面的人撑到门时才走开；上、下楼或乘电动扶梯时要站在右边，不要妨碍有急事的人从左边超过；进影剧院不应迟到，观看时不应交谈，以免影响他人观看；出入公共场所要讲文明；不要乱扔果皮纸屑，既影响环境卫生，也妨碍他人健康。

### 三、用“移情”来转换宝宝的角色

帮助宝宝识别别人的感情就是要求他能够想象别人对某个特定情况的感情，家长可以采取一些“移情”的方式让宝宝拥有一颗柔软的心，懂得体察别人的情绪。比如，当你看到宝宝因为心情不好要打洋娃娃时，就可以告诉她：“不能打娃娃，娃娃也会疼的。它要是知道你是一个喜欢打人的宝宝，以后就不跟你玩了。”用这样的移情法有助于培养宝宝的爱心，也能让她体会到别人的感受。当宝宝与其他小朋友之间发生冲突时，家长应要求相关的人停下来想一下，如果转换角色的话，对方会有怎样的感受？然后要求每个人假设是对方来谈谈这个问题，宝宝就会有新的转变了。

### 四、营造互相关爱的家庭环境

为宝宝营造一个温馨幸福的家庭环境对培养宝宝事事为他人着想的行为也起着潜移默化的作用。父母间如果经常争吵、谩骂甚至打闹，婆媳间如果总是充满敌意，那么，宝宝肯定会生活在一个恐惧、仇视的环境里，又怎能要求他去关心别人、为他人着想呢？所以，家庭成员之间要互相关心，互相尊重。餐桌上，在给宝宝夹菜的同时不要忘了给其他人夹菜；天气转凉时，在给宝宝添加衣服的同时也不忘叮嘱家人一句……生活在这样的环境中，宝宝耳濡目染，自然也就学会了处处为他人着想。

### 五、让宝宝做一些力所能及的事

宝宝是家庭、社会中的一员，不能因为他们小就过度保护，不肯或不敢让他们做事情。因为只有勤快的宝宝才会懂事，才知道关心体贴别人。家长要赋予宝宝一定的责任和义务，要循序渐进地教会宝宝做一些力所能及的事，并大胆放手地让宝宝去做。

### 六、巧用节日，让宝宝学会为他人着想

每年的父亲节、母亲节、重阳节等节日是对宝宝进行教育的最好时机。父母可以事先跟宝宝说：“儿童节是宝宝的节日，爸爸妈妈都给了宝宝礼物。马上就要到父亲节了，你是不是也应该送爸爸一件礼物，让爸爸高兴高兴呢？”接着可以帮助宝宝一起动手做一份“专属父亲节礼物”。当收到礼物时，爸爸要记得对宝宝的心意表示感谢“谢谢你，你这么爱爸爸，真让爸爸高兴！”这能让宝宝从被感谢中感到快乐，从而更愿意去为他人着想。

# 培养宝宝良好的道德习惯

## 你给我吐出来
### ——让宝宝学会尊敬长辈

乾乾特别爱吃雪糕，这天，妈妈下班回来后给乾乾买了他最爱吃的可爱多。刚进门，乾乾看见熟悉的冰激凌包装就兴奋地说：“妈妈真好，妈妈真好！”

“去洗手，洗完手再吃！”妈妈说道。

等乾乾洗完手准备吃冰激凌的时候，爷爷正好从外面散步回来。看到孙子大快朵颐的样子，爷爷逗乾乾说：“给爷爷吃口好不好？”

“不给！”乾乾干脆背过身去。

爷爷以为乾乾在跟他开玩笑，便转身来到乾乾面前，故意咬了一口乾乾的可爱多，说：“让你躲，看，我吃到了吧！哈哈！”

本来逗孙子开心的爷爷却被孙子接下来的话惊呆了！

“你，你，你给我吐出来！”乾乾看到自己的可爱多被咬掉了一口，气愤地说道。

爷爷回过神来，说：“给爷爷吃一口不行吗？”

“不行，这是妈妈买给我的。你要吃自己去买啊！”乾乾好像很有道理地说道。

爷爷转身回到了自己的房间，什么话也没有说。

## 寻根究底 ?

尊敬长辈、关心别人是我们中华民族的优良传统，从小培养以上优良品质，能为宝宝将来参与社会生活、协调人际关系打下良好的基础。而在现实生活中，你的宝宝是否能尊敬长辈、关心别人呢？你可以仔细观察一下：吃东西时，宝宝是否只顾自己，不顾长辈和他人？自己喜欢的玩具是否愿意与人分享？与长辈、他人相处时，态度是否和气？行为举止是否文明得体？自己能做的事情是否总要长辈或他人代劳？长辈身体不适时，是否主动向长辈问候？是否愿意为长辈、他人做一些力所能及的事？看到别人遇到困难，是否能主动帮忙？

在我国，许多家长忽略了对宝宝进行尊老爱幼和感恩教育，把宝宝当成了家中的小皇帝，宝宝成了家中最受尊敬的人。宝宝在这种本末倒置的环境中成长，长大后没有辈分观念，对家中的长辈、老人甚至父母都缺乏基本礼节和尊敬，有的甚至是态度恶劣、行为粗鲁地对待父母。

有的家长，只教育宝宝孝敬父母，自己却不孝敬父母，平时在家中对父母横挑鼻子竖挑眼，这也不是，那也不是。殊不知家长这种不尊敬长辈的行为，会成为宝宝效仿的对象；还有的家长，表面上对老人恭敬有礼，背后却经常对老人发牢骚甚至辱骂老人，对待长辈总是提防着，甚至教唆宝宝不要听老人的话。这样的父母怎能教出好宝宝来呢！作为家长，要尊重老人的生活习惯，在生活中真心地照料老人，行动是最好的教育语言，良好的行动会给宝宝树立一个好的榜样。

还有一个十分微妙的因素造成了宝宝不尊敬老人，那就是家长是否在宝宝面前树立了应有的威信，这里说的威信可以解释为，家长在生活中是不是一位言出必行的人，平时是否对宝宝过于溺爱或者强行管制，让宝宝体会不到自尊与来自他人的尊重。家长如果与宝宝交朋友，尊重宝宝的个性，宝宝也会更加珍惜来自他人的尊重，并能推己及人，学会尊重他人，同时还会变得更有责任心。父母要让宝宝明白，每个人都会老的，今天我们不尊重老人，以后当我们老时，别人也同样会嫌弃我们。尊重长辈，就是尊重自己的未来，不尊敬长辈，就是不尊敬自己的未来。

## 给您支招

如何培养宝宝养成尊敬老人的好习惯？家长可以参考以下几个建议：

### 一、从点滴入手

从宝宝有情感反应时起，家长就应该逐步培养，例如，早上起床以后，如果爷爷奶奶准备好了早餐，教育宝宝有礼貌地向老人打招呼：“奶奶，早上好！”“谢谢爷爷！”“再见，爷爷奶奶！”出门在外的时候，给宝宝提一个总的要求：无论在任何时候和任何地点，只要有宝宝认识的叔叔阿姨，都要有礼貌地说一声：“叔叔阿姨好！”同时还要教育他：如果叔叔阿姨没有朝你这个方向看，可能是他正在忙自己的事情，你就可以不打招呼了；如果这个时候打招呼，反而有可能打扰叔叔阿姨。这不但能让宝宝养成尊敬长辈、讲礼貌的好习惯，还能培养宝宝根据场合灵活调整自己行为的能力。

### 二、父母要以身作则

父母是宝宝的模仿对象，父母的一言一行对宝宝起着示范作用，家庭成员之间的体贴尊重和相互关爱是宝宝能够健康成长的关键。父母不孝敬长辈，宝宝长大后也不会孝敬父母，在这样的家庭氛围中，宝宝就会想当然地认为不尊敬长辈是正确的。

### 三、让宝宝多参加一些社会公益活动

比如在放假期间，带着宝宝一起参加一些社区活动，为孤寡老人做好事、看护社区公共设施、保护生态环境等。这样既可以让宝宝得到锻炼，又可以培养宝宝的爱心。

### 四、纠正宝宝对长辈的不尊重行为

当宝宝无意中的某些行为损害到别人的尊严时，家长要坚决否定宝宝的行为，要渐渐地使宝宝感受到这样一个观念：人是需要爱护的。另外，宝宝的自控能力较差，他们的行为往往容易受情绪的影响，常常会对长辈乱发脾气，任性自私。家长应及时引导，帮助宝宝纠正，尤其不放过“第一次”，因为一时的迁就就会助长宝宝今后不良习惯的养成，甚至会影响宝宝一生品格的形成。

### 五、随机教育更有效

成人和宝宝都有一个特点，那就是善于发现自己的长处和别人的短处，而不善于发现自己的短处和别人的长处。像尊敬长辈这样的行为习惯更是如此，因为它主要表现在日常生活小事中，很容易被人忽视。父母与宝宝一起外出的时候，如果发现其他宝宝有什么好的或者不好的表现，父母随便加一两句评价就对宝宝有教育作用：“刚才那个宝宝不错，他知道怎样尊敬长辈。”“刚才那个宝宝我不喜欢，这么大了还没礼貌。”这些随机教育都会对宝宝有积极的渗透和影响作用。

# 这是我从妞妞家拿的橡皮泥
## ——让宝宝分清“拿”和“偷”

“妈妈，妈妈，和我一起玩新橡皮泥！”

“新橡皮泥？”小欧的妈妈疑惑了。似乎自己没有给小欧买过新的橡皮泥啊，家里那些旧的还可以用，小欧的妈妈是向来不助长小孩子喜新厌旧之风的。

“哪儿来的新橡皮泥啊？是不是爸爸给你买的？”妈妈坐到地板上，一边把玩着新的橡皮泥，一边问小欧。

“不是，是我从妞妞家里拿来的！”

“啊——你居然从妞妞家里……‘拿’橡皮泥？”妈妈差点儿把“偷”字脱口而出！平复了一下惊讶的心情，妈妈耐心地问小欧：“你为什么从妞妞家里‘拿’橡皮泥出来啊？”

“我觉得它比家里的好，很喜欢，就把它装进口袋带回来了。”

哦，原来这孩子还不知道“拿”与“偷”的区别！

妈妈坐到小欧的身边，拉着他的手说：“想拿别人的东西，一定要经过别人的同意，否则就是不懂礼貌了。你拿了妞妞家的橡皮泥，是不是应该问问妞妞同不同意呢？”妈妈特意没对小欧说“偷”这个词，怕他认为自己是小偷，对他的内心产生影响。

小欧仰起小脑袋，思考了一会儿，说：“对，我忘记问妞妞了！”

“那明天妈妈和你一起去妞妞家还橡皮泥好不好？”

“好！”小欧爽快地回答道。

这时候妈妈的心才落回了原处。

## 寻根究底

小宝宝“偷”东西是由于喜欢、好奇心等原因，像故事中的小欧把妞妞家的橡皮泥拿回家，仅仅是因为喜欢它，想玩而已。宝宝的这种行为，是由于无知和根本就不懂得“偷”的概念而造成的，这和“偷盗”完全是两回事。

## 给您支招

尽管家里有数不清的玩具，但别人家的东西还是会让宝宝觉得更有趣，更好玩儿，很多宝宝会和小欧一样自然地想到“拿”回家玩，爸爸妈妈知道这一情况后应该怎么办呢?

### 一、不要对宝宝用“偷”这个字眼

宝宝对“我的”“你的”“他的”这种物权概念还很模糊，所以，当拿了别人的东西后，不会认为是不好的行为，就像故事中的小欧，如果他知道这是偷窃行为，就不会开心地让妈妈和他一起玩了。所以，作为家长，当你第一次发现宝宝拿别人的东西时，一定要询问清楚原因，别轻易对宝宝用“偷”这个字眼，因为宝宝的这种行为在初犯时往往是由于无知，根本不是想真的“偷”。家长应该像小欧的妈妈一样，温和地让宝宝明白“拿”别人的东西一定要征求所有者同意的道理。

## 二、在生活细节中培养宝宝的物权概念

在发现宝宝有“拿来主义”的现象后，家长要引起一定的重视，要在生活细节上培养并树立宝宝良好的习惯：

第一，在平常生活中教导宝宝认识、辨别自己和别人的东西。例如在收衣服时，告诉宝宝“这衣服是爸爸的”“这袜子是妹妹的”“这是你的衣服”，然后请宝宝帮忙收到各人的衣柜中。从具体事物中学到物品所有权的概念。

第二，宝宝拿了别人的东西回家，父母一定要让宝宝把东西送还给小朋友。若宝宝太小的话，父母可以帮助他，但物品一定要由宝宝手中交回去才好。

第三，平常带宝宝到商店时，宝宝选了要买的东西，可以让他把钱放到柜台上付账，让他慢慢知道东西是要用钱交换回来的，不是“拿”回来的。

另外，家长也要尊重宝宝的所有权，允许宝宝有自己的收藏品，如果家长要拿取，也必须先得到宝宝的同意。

## 三、培养宝宝的自制力

有时，由于宝宝的自我控制力不强，懂得拿别人的东西不对，也不光彩，但看到别人的东西好玩儿，又控制不住自己。这种情况下，家长就要着重培养宝宝的自制力，警惕宝宝因为喜欢从“拿”发展成为“偷”。

# 瞧我画得多漂亮
## ——让宝宝爱护公物

爸爸妈妈一向认为，在宝宝小的时候就应该多带他出去见见世面，这对宝宝将来的胸怀、理想、见识等极有帮助。所以每到双休日，爸爸都会带着蓓蓓去公园、旅游景区等地方游玩。

这天，爸爸妈妈带着蓓蓓来到鼋头渚。鼋头渚的风光真是美丽啊！“太湖尤佳处，毕竟在鼋头。”鼋头渚坐落在无锡市西南约十公里的太湖充山半岛，因其形如鼋头突入湖中而得名，有“太湖第一胜景”的美称。爸爸妈妈想让蓓蓓在如此美景中陶冶情操，增长见识。

一上午过去了，爸爸妈妈感到有些乏，便来到凉亭之中休息。

“咦？那是什么？”蓓蓓好奇地问道。

爸爸妈妈扭头一看，原来是凉亭的柱子上那些“某某某到此一游”的字迹，还有一些个性签名、涂鸦之类的东西，便说：“那是别人乱写的东西。”

蓓蓓若有所思地点点头，从小背包里拿出随身

带的蜡笔，也在墙上画了起来。不一会儿，她就画了一只活灵活现的小猫咪，高兴地问道：“妈妈、妈妈，你瞧我画得多漂亮！”在喝水的妈妈扭头一看，女儿正拿着画笔骄傲地显摆呢！妈妈还没来得及说话，旁边的纠察大妈闻声走了过来：“你这孩子怎么能随便乱涂乱画呢？你妈妈在哪儿？”蓓蓓被吓了一跳，赶忙躲到妈妈身后。

“对不起，对不起，我一时大意，没看住孩子！”妈妈连连道歉。

“你们大人要从小培养孩子爱护公物的意识，不然这凉亭一天两天就画得满满当当，你们看着也不美观啊！”纠察大妈看蓓蓓一家态度不错，便缓和了语气，“这样吧，你们一会儿把孩子画的图画擦掉就行了。”

蓓蓓一家三口下午花了两个小时的时间才擦掉了图画。回家的路上，爸爸妈妈觉得，培养孩子爱护公物的意识他们一时忽略了，才会出现今天这样的情况。既然每周都要带孩子出来转转，这方面的教育确实要抓一下。

## 寻根究底 ?

一说起爱护公物，也许有人会认为这是老生常谈，但细心观察就会发现，破坏公物的现象比比皆是：为求近路而不惜践踏草坪；购书时，发现书被撕破，或被移到了别的位置；下水道的井盖丢失了，本来平坦的路面上突然出现了一个个“陷阱”；马路边的垃圾箱被损坏或被当成废铁卖掉，垃圾扔得到处都是；路灯、街道墙面上贴满了小广告或被信手涂鸦……不论是有意还是无意，这些行为都对公物造成了损坏，给其他人的生活带来了不必要的麻烦。

“人无德不立，国无德不兴。”公民道德的好坏，体现着一个民族的精神状态，影响着一个民族事业的兴衰。一个人的言行，往往表现出个人素质的高低，进而影响整个集体的总体素质状况。如今，“共建和谐社会”的口号在我们的生活中时常能听到，但人们对待公共设施的态度却与和谐是多么的格格不入。爱护公共设施是人们的一种最基本素质，而这种素质要从小培养。

现在，父母在满足宝宝的物质欲望和心理需求时，很少注意培养宝宝的一些良好习惯，致使社会上的不良现象随处可见。培养宝宝爱护公物的习惯和传授科学知识一样重要，负责任的家长，一定要把培养宝宝爱护公物的习惯放在重要位置。

## 给您支招

家长如何培养宝宝爱护公物的好习惯呢？

### 一、让宝宝具有爱护公物的观念

首先，家长要让宝宝明确公共财物是大家的，而不是个人的，不能独自占有，也不能随意损坏。我们可以在公共场合粘贴这样的标语：“请把看完的书归位”“爱护公物，人人有责”“爱护公物就是爱护我们美丽的家”。这类标语可以提醒宝宝要注意自己的行为。带宝宝去公共场所时，看到损坏的公物，家长可以问问宝宝，它们为什么会损坏？让宝宝讲讲这些公物损坏了对人们有什么不利。通过谈话，使宝宝知道损坏公物是不好的行为。

### 二、进行不间断的随机教育

宝宝形成了爱护公物的观念后，家长还要注意进行不间断的随机教育。宝宝因为年龄小的缘故，常常在行为上有反复，如果发生了不爱惜公物的行为，家长不能忽视和放任，要耐心地、坚持不懈地进行教育，一次也不放过。对宝宝爱护公物的教育很可能不是一次、两次就能成功的，尤其是对于意志力不强的宝宝，持续、耐心的教育是十分重要的。同时，家长还要善于观察和了解，对宝宝爱惜公物的行为要及时表扬，使其感到爱护公物的责任感、成就感。

### 三、以爱育爱，行为示范

身教重于言传，家长应以身作则，不做损坏公物的事。看到有人损坏公物时，家长应告诉宝宝这是破坏行为，并且带着宝宝去劝阻，告诉宝宝什么样的行为才是正确的。这样的示范，一方面起到身教作用，另一方面还起到指导处理方法的作用。有了家长的不断示范，宝宝就会逐渐拥有一颗爱护公物的心，而且学会了爱护公物的方法，养成了好的习惯。

# 苹果核儿扔哪儿啊
## ——让宝宝保护环境

舒舒和科科是十分要好的朋友，六一儿童节那天，妈妈带着他们去逛百货商场，准备给两个可爱的孩子买他们喜爱的玩具和新衣服。

舒舒早晨起晚了，由于和科科约定的时间快到了，便和妈妈说早餐带着路上吃。

舒舒的早餐可丰富了，有牛奶、鸡蛋、蛋糕、苹果四种呢！科科看见舒舒边吃边走也嘴馋起来。舒舒妈妈便说：“科科，这个苹果给你吃吧，这么多东西舒舒吃不完的！”舒舒忙说：“是啊是啊，你是我的好朋友，我的好东西给你吃！”

科科经过妈妈的同意后，开心地接过了舒舒的苹果。

舒舒喝完牛奶了，吃完蛋糕了，把塑料袋随手一扔。科科妈妈看见舒舒的举动，摇了摇头，一想那是人家的孩子，也不好说什么。

不一会儿，科科也吃完了，问妈妈："妈妈，苹果核儿扔哪儿啊？这里附近没有垃圾桶！"科科妈妈从包里拿出一个塑料袋，把苹果核儿装在里面，交给科科说："先拿着，一会儿看见垃圾桶就扔进去。"科科乖巧地点点头。

一旁的舒舒妈妈看见了，红着脸低下了头。这时，舒舒正在吃鸡蛋，边吃边扔鸡蛋壳。舒舒妈妈连忙接过鸡蛋说："蛋壳剥在妈妈手里，不要扔在地上。"

科科妈妈和舒舒妈妈相视一笑。

## 寻根究底

对于一个国家，对于全人类来说，环境保护是一件功在当代、利在千秋的大好事。在宝宝成长的关键时期，及时对他们进行环保教育，帮助他们逐步了解人与环境的关系，懂得保护环境就是保护地球、保护人类自己的道理是十分重要的。让宝宝从小学会承担起维护生态平衡的职责，让他们逐步养成自觉保护周围环境的习惯，对宝宝的将来有着不可估量的意义。

## 给您支招

随着人们对环境的日益重视，环境保护已经成为一个世界关注的焦点。人类只有一个地球，保护环境，其实就是保护我们自己，就是保护我们的子孙后代。父母不仅自己要有环保意识，而且还要培养、教育宝宝，让宝宝从小就意识到环境保护的重要性。要树立宝宝的环保意识，父母不妨从以下几个方面做起。

## 一、寓环保教育于宝宝生活中

好动是宝宝的天性，让宝宝在活动中接受教育往往比枯燥的灌输式教育效果要好得多，因此开展形式多样的环保活动，寓教于乐，才能将已有的认知进行交流和内化，继而有更进一步的认识。父母可以通过游戏、谈话讨论等生动活泼、丰富多彩的形式，让宝宝知道爱惜每一粒粮食，节约用水用电，减少制造生活垃圾等简单的环保知识。家长还可以和宝宝一起将垃圾进行分类，将报纸、废纸等有回收价值的废品收集起来送到废品收购站，让宝宝了解某些废弃材料的回收利用价值，从而教育宝宝要珍惜有限的自然资源，不浪费。

## 二、父母要提高自身的环保素质

父母是宝宝学习的榜样，所以父母一方面要努力学习，不断丰富自身的环保知识，关心周围的环保状况，了解国内外环保动态；另一方面还要注意自己的行为，从一点一滴做起，用自己美的言行去影响、教育宝宝。

## 三、从小事做起

环境保护是一项艰巨的事业，而与之联系的往往是一些微不足道的行为，正是这些小小的行为与我们的环境有着千丝万缕的联系。在日常生活中，父母要鼓励宝宝从我做起，从身边的每一件小事做起，如参加有关环保的义务劳动，外出散步时爱护周边的一草一木，不随地乱扔果皮、纸屑，在家娱乐时不要干扰邻里，培养宝宝对人类、对社会、对自然环境保护的责任感，让宝宝做一个具有环保意识的现代文明人。

## 四、带宝宝走进大自然

要树立宝宝良好的环保意识，除了对宝宝进行说理教育，做出榜样示范外，还可带领宝宝走进大自然的怀抱，使宝宝感受到大自然的魅力，激发宝宝对大自然的热爱，唤起他们保护大自然的美好情感。感知是认识的基础。家长要给宝宝提供一个接触自然、感受自然的平台，带领他们走出家门，听鸟鸣，闻花香，亲近水，亲近田野山林，让他们在对环境的感知、熏陶、欣赏和体验中，充分感受到自己是其中的一员，自己的言行可能会影响到这个地球的美丽和安详，继而形成共鸣，引导他们从小建立起责任感和使命感，培养他们善待生灵、与自然和谐相处的意识，自觉加强对环境保护重要性的认识，逐步形成热爱自然、热爱生活的美好情感，培养高尚的情操。

# 好慢啊，为什么要排队
## ——让宝宝遵守社会秩序

星期天，妈妈带着君君来到了军事博物馆，这可是一向喜欢武器、打仗的君君要求了好久的事情了。本以为已经来得够早了，可谁知军事博物馆的售票处已经排起了长龙，妈妈和君君排在龙尾巴那里。过了十分钟，君君和妈妈才到龙肚子那儿。君君不耐烦了，说：“好慢啊，妈妈，为什么要排队？”

妈妈耐心地对君君说：“排队虽然慢，可也有它的好处。你想想，如果每个人都不排队，那这里会乱成什么样啊？一些比我们晚来的人，也许因为力气大，就比我们先买到票了，那多不公平啊？”

君君似懂非懂地点点头。妈妈看君君也实在无事可做，便拿出智力玩具对君君说：“这样，不如你先自己玩一玩这个小玩具，这样就不觉得排队慢了。”

君君的玩具是个开发智力的拼图游戏，因为方便携带，妈妈今天就把它带了出来。后面的叔叔看见了君君的拼图玩具，也来了兴致，和君君一起拼了起来。不一会儿，在叔叔的帮助下，君君把这个拼了一个星期的拼

图征服了！

君君高兴极了，大声对妈妈说：“妈妈，我拼出来了！”此时君君排队时候的无聊已经被拼图的成功彻底打消了。

## 寻根究底

遵守和维护社会秩序是最基本的公共生活准则，它依靠社会舆论、习俗和人们信念的力量，调节人与人、人与社会、人与自然之间的关系，规范人们的言行，起着维护社会秩序稳定，促进社会风气好转的重要作用。它在一定程度上反映着一个国家、一个城市、一个人的道德水平和文明程度。不管你是哪个阶层的人，不管是从事什么职业的人，到了公园就是游客，到了商店就是顾客，到了电影院就是观众，到了火车、汽车、飞机上，就是乘客，都要遵守这些公共场所的规定。如果破坏了这些公共场所的行为准则，就会造成社会生活秩序的混乱，受到人们的谴责。教育对人们树立良好的社会公德意识具有十分重要的意义，它需要从孩子抓起，从基础抓起。

## 给您支招

马克思曾经说过：“人是一切社会关系的总和。”每个人都必须生活在一定的群体之中，都必须与他人发生这样或那样的联系。因此，就必须遵守约定俗成的生活规则，遵守共同信守的社会秩序。这些相沿成习就成了每个人都必须遵守的礼仪和道德。遇事排队就是人们在生活中形成的最基本的秩序，它也体现了一个人的基本道德水准。家长在培养宝宝遵守社会秩序的好习惯上，要注意以下几点：

## 一、家长要从自己做起

遵守规则看起来是一件小事，但这对宝宝的影响将是终生的。社会规则是为了社会的正常秩序制定的，对每个人起到一定的制约作用，同时也是良好社会秩序的保障。规则意识要从小培养，家长应成为孩子遵守规则的榜样，不管是在哪里，有规则就要遵守，家长的一言一行都被宝宝看在眼里。

## 二、不要存在侥幸心理

不能找任何理由破坏规则，尤其是在影响生命安全的规则面前，家长不能存在侥幸心理，对宝宝说什么“有急事，就这一次”之类的话语，这样的侥幸心理会让宝宝对社会规则的权威产生心理动摇，不利于养成遵守秩序的好习惯。

## 三、让宝宝享受秩序的乐趣

社会秩序不应让宝宝感到压抑、不愉快或是难以忍受，家长要尽量给宝宝提供一个充足、合理、适当的空间和丰富的材料，打消宝宝的负面情绪。比如在出去活动时，各环节要安排紧凑，减少宝宝闲坐、等待的时间，也可以像故事中的君君妈妈一样，使宝宝在等待中找到乐趣。另外，家长对宝宝遵守社会秩序的行为应及时予以肯定，使宝宝进一步加深印象，产生较为满足的情绪体验。

# 培养宝宝自我保护的习惯

## “嘀嘀嗒嗒”要让开
### ——让宝宝注意玩耍安全

阳阳两岁，活泼的个性让他成为游戏高手，什么滑滑梯、跷跷板，他玩得比同龄小朋友都好。这天下午，阳阳依旧来到小区的广场上玩耍。有一个小朋友带了一个皮球，阳阳便和他玩了起来。

本来一直看着阳阳、几乎寸步不离的妈妈，这时想上厕所，就过去对阳阳说：“阳阳，妈妈走开一小会儿，马上回来，你注意安全！”“嗯！”阳阳点点头，眼睛始终没有离开皮球。

就在妈妈往回走时，阳阳和小伙伴为了追赶那个球跑到了小区里车子行驶的路上，正好有一辆小汽车驶来。妈妈一看连忙跑过去，“阳阳——”人没到，声音先到，“快回来，有车——”阳阳听见了妈妈的声音，但没听清楚，所以站在原地冲妈妈喊道：“啊？什么？”幸好小区里的车辆一向开得很慢，看见有小朋友在马路上玩耍便停了下来。妈妈赶忙把阳阳抱走，离开那个“危险地带”。

“你怎么回事？怎么跑到路上去玩了呢？妈妈不是跟你说过，只能在广场上玩吗？”妈妈蹲下来，用责备的语气对阳阳说道。

“我没注意，球滚到那里，我就跑过去了……”阳阳低着头说。

今天的一幕虽然不算特别惊险，但却引起了妈妈的警觉。妈妈平时一直向阳阳灌输安全知识，让他知道哪里能玩，哪里不能玩。可显而易见，阳阳没有真正往心里去，妈妈觉得该好好儿地给阳阳上上课了！

## 寻根究底

游戏被称为儿童的第二生命，爱玩游戏是每个宝宝的天性，尤其是户外的各种游戏活动，宝宝们都非常喜欢参与。但是，每年总会有许多宝宝因父母的疏于看护、器械破损或宝宝的玩耍方式不当而造成宝宝受伤，轻则小磕小碰，重则危及生命。因此，广大家长要加强一些安全意识，并把这些安全意识植入宝宝的心田。

## 给您支招

对于生活经验欠缺又充满好奇、好动的宝宝来说，爸爸妈妈悉心地照顾、耐心地进行安全教育，是宝宝免受伤害的保障，爸爸妈妈在带宝宝外出游戏时可以从以下几方面做起：

### 一、为宝宝选择适合的场地

对宝宝来说，最安全的场地应该具备以下几个条件：游戏的场地最好远离有水池、施工的环境；在草地上活动，家长一定要仔细检查，避免活动的井盖，尖利的金属、玻璃等危险物；一定不要带宝宝在道路、停车场或有机动车穿行的地点活动。

## 二、细心检查宝宝玩耍的设施

宝宝玩耍前，妈妈爸爸要注意秋千、滑梯、旋转轮盘及跷跷板等的螺钉、螺栓是否松动；注意是否有锐利突出的地方；留意沙坑内是否有玻璃碎片等。

## 三、教会宝宝游戏的规则

家长的保护是保障宝宝安全的一个方面，但是更重要的是让宝宝在游戏的过程中，学会游戏的正确方法，培养宝宝的安全意识。

第一，让宝宝知道玩耍器械时排队、不拥挤十分重要，同时，让宝宝知道不在人多拥挤的地方玩耍；不在停车场、施工工地等危险地方玩耍；不在马路上踢球、骑车、滑轮滑。

第二，玩滑梯时，只能单向由上往下滑，千万不能反方向爬行；在滑到终点时，一定要以最快的速度离开滑梯，谨防后面的小朋友滑下来，发生踩踏。

第三，不站在正在摆动的秋千前后、旋转的转椅周围，等秋千、转椅完全停下再靠近。

第四，宝宝在快速跑时，眼睛要看前面，拐弯时要减速。

第五，宝宝在玩跳绳之类的绳状物时，不要将绳子套在自己或小朋友身上，尤其是脖子上。

## 四、让宝宝始终在自己的视线内

不管什么时间和场合，让宝宝都在家长的视线范围内是最重要的。在宝宝玩器械的时候，家长的所在位置，应该是宝宝最容易发生意外的地方。如：宝宝玩滑梯时，家长应该站在宝宝下滑的位置；宝宝玩平衡木，家长应该始终在宝宝旁边，保证能及时保护。

## 五、宝宝在小区玩耍时的安全隐患

小区是宝宝常去玩耍的地方，可其中所潜藏的危机是我们无法想象的。

第一，秋千。有些宝宝在玩秋千时会不按常理荡起落下，而是在原地绕，这样秋千链条（或绳索）就很容易缠在一起。一些被秋千链条（或绳索）勒死的意外事故通常都是因为这个原因。一旦链条打结，以宝宝的能力就很难挣脱。在宝宝荡秋千时，家长千万不要走开，以免秋千链条（或绳索）缠绕或者宝宝从秋千上摔下来。

第二，跷跷板。所有类似跷跷板、摇椅平衡的设备，对于年幼的宝宝可能都是比较危险的玩具，因为坐在跷跷板一端的宝宝，往往会出乎意料地从跷跷板上跑开，而致使另一端的宝宝来不及反应，从器械上翻落。因此，大人一定要叮嘱宝宝抓住扶手，最好站在旁边，以便随时可以抓住跷跷板，保证安全。

第三，滑梯。现在的滑梯，很多都是具有多项功能的，可以练习宝宝的攀爬能力等多种运动能力。正因为功能多，其危险程度也高。小朋友之间的挤压、抢夺都会造成从高处掉下来的可能性。爸爸妈妈首先要清楚地了解宝宝自己是不是有能力使用这个设施，不到三岁的宝宝手部肌肉力量不足，勉强玩攀爬架就有可能造成危险。当宝宝在溜滑梯时，爸爸妈妈最好在旁边看，不要离开太远。

第四，沙坑。沙坑的危险常常被爸爸妈妈们忽视。一些沙坑里常常被调皮的小朋友埋一些硬物，如铁丝、树枝等等，会损伤到宝宝的脚底。一些飞扬的沙子还会飞到宝宝的眼睛里。因此，带宝宝去沙坑玩耍时，要注意沙坑里是否有一些有危险的异物，另外，家长可随身带一些干净的纸巾，最好是湿纸巾，随时给宝宝擦擦双手。还有，家长要告诉宝宝不能乱抛沙子，看见其他小朋友抛沙子，也要立即制止，避免沙子进到宝宝的眼睛里。

# 妈妈，为什么黄灯不能过马路
## ——让宝宝遵守交通规则

栋栋的好奇心很强，什么都爱问个为什么。这天，妈妈带着栋栋去外婆家，过马路的时候亮起了黄灯，两旁的路人看见黄灯，有些着急的人就走了过去。栋栋本来也想冲过去，却被妈妈拦住了。

“黄灯不能过马路。”妈妈拉回栋栋，弯腰说道。

“为什么黄灯不能过马路？不是红灯才不能过马路吗？”栋栋好奇地问。

确实，在对栋栋平时的安全教育中，妈妈经常强调的是“绿灯行，红灯停”，关于黄灯该做什么，妈妈一直没有跟栋栋好好儿说过。既然这次栋栋提出来了，妈妈就准备好好儿给栋栋解释一下。

“黄灯的作用是这样的，如果你已经过马路过了一半，那么亮黄灯的时候就赶快过马路，不然黄灯后面就是红灯，另一个方向的车就会开动，到时候就会撞到了；如果黄灯亮的时候你还没有过马路，或者说过了不到一半马路，那么就

要赶快退回来，等待下一个绿灯再过。”

“我以前一直不明白黄灯是什么意思，有的人过马路，有的人不过马路，都把我搞糊涂了，这下知道了。”栋栋高兴地说道。

下一个绿灯时，栋栋和妈妈过了马路，开开心心地去了外婆家。

## 寻根究底

宝宝年龄小，他们的生命安全更牵动每个家长的心。作为宝宝的第一任老师，爸爸妈妈一定要在合适的时机对宝宝阐明一些简单却重要的交通知识，防止和避免交通事故的发生，培养宝宝从小自觉遵守交通秩序的好习惯。

## 给您支招

如何培养宝宝遵守交通规则的好习惯呢?

### 一、明确教育目标

其总目标为：第一，遵守交通规则，过马路时走人行横道，不乱穿马路，认识“红、黄、绿灯”，认识“人行横道”，认识“禁止行人通行禁令标志”；第二，不在公路、铁路、铁路口处玩耍和追逐打闹；第三，靠路右边行驶。

### 二、随机进行交通规则的教育

一般来说，家长在家庭里不是很适合对宝宝进行交通规则教育，因此在外出时，要抓住机会随机教育宝宝。遇到红绿灯或一些交通标志，家长要和宝宝一起观看标志，并问宝宝这是什么标志？那是什么标志？这样日复一日，宝宝就能将这些标志牢牢记在脑中，对安全出行起到了良好的警示作用，从而避免许多交通事故的发生。

### 三、从各个方面巩固知识

家长要以宝宝的经验、能力、兴趣需要为出发点，将交通安全教育渗透到宝宝的心中。家长可以给宝宝讲故事《过马路》《红星星、黄星星、绿星星》，读儿歌《马路上》等，可以通过“谁对谁不对”（交通安全常识图片）的游戏，帮助宝宝认识、巩固与交通有关的各种标志，另外，家长还可以让宝宝画汽车、小朋友过马路、红绿灯等，让宝宝从各个细节巩固交通安全知识。

# 我找不到你了
## ——让宝宝知道家在哪里

今天涂涂的小姨结婚，妈妈给涂涂穿上新衣服，带涂涂一起去参加婚礼。

小姨的婚礼办得非常热闹，鲜花、气球、彩带和温馨的气氛让涂涂兴奋不已。因为是自家人结婚，妈妈自然要去帮忙打点一些杂事。看见涂涂正和其他几个小伙伴玩得开心，妈妈便放心去做自己的事情了。

十分钟后，妈妈习惯性地看向涂涂玩耍的地方，意外的是涂涂不见了！妈妈心里一惊，急忙找到几个和涂涂一起玩耍的孩子，问涂涂去哪儿了。其中一个小朋友说："我们刚刚玩捉迷藏，一直没有找到涂涂！"

妈妈心里不好的预感越来越强烈，赶紧在饭店的里里外外、上上下下找了起来。正在妈妈心惊胆战的时候，饭店里的广播响了起来："请涂涂的妈妈赶快到一楼大厅！请涂涂的妈妈赶快到一楼大厅！"妈妈听到后三步并作两步跑到了一楼大厅，只见涂涂安然无恙地站在那里。妈妈一把抱过涂涂，哭着说："你到哪里

去了，担心死妈妈了！”

“我玩捉迷藏，可是他们过了好长时间都没找到我，我害怕了，想找你，可又找不到你……”涂涂在妈妈怀里边哭边说。

一旁的工作人员对妈妈说：“我看见这个小朋友一个人待在楼梯下面的储藏室，怕家长担心就做了广播寻人。”

妈妈连连道谢。工作人员接着说：“请原谅我再多一句嘴。是这样，我找到这个小朋友，问他家住在哪里，他说不知道，再问他爸爸妈妈的电话号码、家里的电话号码，他全都不知道。后来我想既然他出现在这里，那父母应该也在这里，才做的广播寻人。这位妈妈，回去后应该让宝宝记住自己家的地址和电话，不然下次如果是在其他地方，恐怕就不那么容易找到了。”

妈妈点头说是，再次谢过工作人员之后就抱着涂涂离开了。

## 寻根究底

由于家长不小心或者宝宝玩心太重，找不到宝宝是极有可能发生的事。因此在日常生活中，家长一定要提高安全意识，即使是在最熟悉的户外环境，也不可掉以轻心，以免铸成不可挽回的错误。

## 给您支招

家长在家里要耐心告诉宝宝如果找不到妈妈该怎么办：

### 一、让宝宝切记不要慌张

家长要让宝宝记住，如果找不到爸爸妈妈千万不要慌张，要站在原地不动，等待爸爸妈妈找到自己。站在原地的时候，如果遇见警察叔叔，那么可以寻求警察叔叔的帮助。家长一定要告诉宝宝，找不到爸爸妈妈是一时的，用不着害怕。

## 二、教给宝宝一些重要线索

平时在家里，爸爸妈妈要让宝宝记住自己家里的地址、电话（手机号码太长，不适合宝宝记，另外，手机有时信号不好，还有可能在重要时刻没电，所以最好让宝宝记住家里的电话）以及爸爸妈妈的名字。这些小细节在关键时刻会成为重要线索，一旦宝宝走失，那么可以凭借这些线索快速回家。

## 三、给宝宝戴一张“名片”

平时外出时，家长可以给宝宝制作一张“名片”，戴在宝宝身上。“名片”的内容包括姓名、地址、联系方式，这些看起来有些傻的行为，在万一的时候是很管用的。家长不要盲目自信，觉得自己可以保护好宝宝的安全，更不会让宝宝走失——有备无患总是没错的。

# 我是你妈妈的朋友，给你吃糖
## ——让宝宝不要轻信他人

一天，润润在玩玩具，妈妈在看电视，电视里演的是一个小宝宝被拐骗的纪录片。本来这种大人的节目是很难吸引润润注意的，但是电视里那个和自己一般大的小主人公却吸引润润在妈妈身边主动地坐了下来。

电视里的那个小主人公叫顺顺，根据犯罪人员交代，他们盯着顺顺已经好几天了，在等待下手的时机。那天看见顺顺在滑滑梯玩耍，妈妈正好离开，他们就凑了上去，说：“小朋友，我是你妈妈的朋友，给你吃糖！”顺顺见是不认识的陌生人，犹豫了一下，但是禁不住糖果的诱惑，还是接了过来。还没有把糖吃完，顺顺就晕倒了。原来犯罪人员在糖果里加了剂量很大的致使人昏迷的药品，就算不立刻晕倒，也会神志不清。他们看见顺顺晕倒了，就把顺顺抱在怀里，不紧不慢地离开了。

看到这罪恶的一幕，妈妈对润润说："看见了吗，这是别的小朋友的教训。以后如果有陌生人给你吃东西，或者说'妈妈让我来接你'这样的话，你可千万不要相信。"

润润看着电视里那个同龄小朋友，很认真地点了点头。

## 寻根究底

近年来，未成年人已经成为被拐卖的重点对象之一（另一个重点对象是妇女），引诱、欺骗儿童，以物质引诱或撒谎取信于儿童或家长，这是人贩子惯用的作案手段。针对犯罪人员的种种猖狂恶行，家长要加强对宝宝的教育，帮助他们不断提高防范意识。

## 给您支招

家长在平时的生活中，可以抓住以下几点，提高宝宝的防范意识：

### 一、电话是求助的最快方式

家长除了让宝宝记住自己家里的电话号码以外，还要教会宝宝打"110"，让宝宝知道"110"的作用，以便宝宝在紧急时刻可以寻求帮助。

### 二、让宝宝谨慎对待陌生人

首先，家长要给宝宝讲清什么是陌生人，例如，宝宝尽管可能在别人家中见过此人，但这个人仍然是陌生人。其次，告诉宝宝不要接受任何陌生人给的东西，更不要答应他们的任何邀请，也不要相信"你妈妈让我来接你"这类的话。再次，告诉宝宝除了父母和几个特定的人，不能跟任何人走，因为这多半不是真的，应该断然拒绝。

## 三、通过演练提高宝宝的自我保护能力

家长应该抽一天空闲时间，陪宝宝一起演练一下。可以让家人的朋友假装坏人，引诱宝宝，给宝宝好吃的、好玩儿的，企图让宝宝跟自己走，看看宝宝的反应。如果宝宝及时做出正确的决定——拒绝，那么说明平时的说教宝宝听进去了；如果宝宝犹豫了一下，那么家长一定要反复对宝宝强调不能犹豫，因为犯罪人员更是巧舌如簧，可能会比友人的骗术高明很多，不能给他们留下一点儿可乘之机。通过这样的实际演练，相信宝宝可以有更多的感性认识，以后万一遇到此类情况也能争取自保。